westermann

Karibu

Spracharbeitsheft 2 B
Fördern

Erarbeitet von

Elena Bader, Astrid Eichmeyer,
Andrea Warnecke, Sabine Willmeroth

Illustriert von

Matthias Berghahn, Michael Ciecimirski,
Svenja Doering, Gaby Jungkeit,
Silke Reimers

Inhaltsverzeichnis

Was diese Zeichen bedeuten:

Arbeite mit einem anderen Kind.

Arbeitet in einer Gruppe.

Murmelrunde

Ich – Du – Wir

Erzähle: Was siehst du? Was denkst du?

Schwinge. Setze Silbenbögen. Markiere Piloten.

Schreibe. Markiere. Unterstreiche. Male.

Kreuze an.

Kreise ein.

Verbinde

Lies.

Ich bearbeite die Aufgabe in meinem Schreibheft.

Ich schlage in der Wörterliste nach.

Ich recherchiere in Büchern oder im Internet.

— S.2 Ich kann in meinem Kari-Heft nachschlagen.

Ich arbeite im Das kann ich-Heft weiter.

So kannst du die QR-Codes verwenden:

Anforderungsbereiche: ◯ 1 ◑ 2 ☐ binnendifferenziert

In der Tierwelt

Tiere genau beschreiben

(1) 👄 Erzähle.

> Ich gehe zu meinem Lieblingstier.
> Wie sieht es aus?
> Es ist klein.
> Ist es die Maus?
> Nein, es ist etwas größer.
> Sein Fell ist weich.
> Ist es das Meerschweinchen?
> Nein, seine Ohren sind lang.
> Jetzt weiß ich es!

(2) 👄 Suche dir ein Tier aus. Gib Tipps wie Kari.
Ein anderes Kind rät. 👥

(3) ✏ Schreibt Rätsel. Ratet. 👥

Der Hase
klein
weich
braun

Das Pferd
großes Tier
lange Beine

Die Maus
Das Tier ist klein.
Es hat kurze Beine.

zu anderen sprechen: erzählen, genau beschreiben;
verstehend zuhören: Hörtexte / Informationen erfassen,
Schlussfolgerungen ziehen

• SAH, S. 100
• SB, S. 68
• Wir-Heft B2, S. 82, 83

Fachbegriffe kennen und verwenden

1 👁 👄 Lies den Text. Beschreibe.

Haflinger sind braune Pferde mit
heller Mähne und hellem Schweif.
Sie werden bis zu 155 cm groß.
Man muss das Fell regelmäßig striegeln
und die Hufe auskratzen.
Haflinger fressen Heu und Gras.
Sie brauchen etwas Kraftfutter.
Sie leben im Stall oder auf der Weide.
Diese Pferde brauchen viel Bewegung.

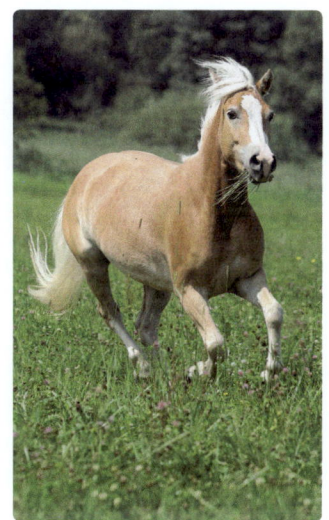

2 👁 ✏ Lies die Informationen in ①. Markiere die Oberbegriffe.

| Name | Aussehen | Haltung | Nahrung |

3 ✏ Was bedeuten die Fachbegriffe? Verbinde.

Schweif ●———● Zur Pferdepflege gehört eine besondere Bürste (Striegel). Damit wird das Fell gebürstet.

striegeln ●———● Der Schweif ist der Schwanz des Pferdes. Er besteht aus vielen langen Haaren.

4 👄 Erkläre Fachbegriffe dieser Seite. 🔍

5 👄 Gebt euch Rückmeldung. 👥

Schaue die anderen an.

Du hast die Fachbegriffe gut erklärt.

• SAH, S. 101
• SB, S. 69
• Wir-Heft B2, S. 84, 85

vor anderen sprechen: Fachbegriffe erklären; Informationen nach Oberbegriffen strukturieren; Fachbegriffe nutzen; recherchieren

Sprechen und
Zuhören **101**

Adjektive kennen

① 👄 Erzähle.

② ✎ Beantworte die Fragen. Setze die Wörter ein.

| dick | klein | braun | ~~bunt~~ | weiß | schwarz |

Wie ist der Hahn?	**Der Hahn ist <u>bunt</u>.**
Wie ist die Maus?	**Die Maus ist**
Wie ist das Schaf?	**Das Schaf**
Wie ist das Pferd?	
Wie ist das Schwein?	
Wie ist die Katze?	

Adjektive sagen, **wie** etwas ist.
Wie ist der Hahn? Der Hahn ist <u>bunt</u>.

③ ✎ Unterstreiche die Adjektive in **②**.

Mit Adjektiven beschreiben

1 ✎ Was ändert sich beim Adjektiv **bunt**? Markiere. △

> Der Hahn ist **bunt**.

> Der **bunte** Hahn steht auf dem Mist.

> Mit Adjektiven kannst du etwas genauer beschreiben.
> Sie verändern sich vor dem Nomen.
> Der Hahn ist **bunt**. — der **bune** Hahn

2 ✎ Was ändert sich bei den Adjektiven? Markiere.

> Die Maus ist **klein**.   Die **kleine** Maus rennt.
> Das Schaf ist **weiß**.   Das **weiße** Schaf frisst.
> Das Pferd ist **braun**.   Ein **braunes** Pferd wiehert.
> Das Schwein ist **dick**. Das **dicke** Schwein grunzt.
> Die Katze ist **grau**.   Bu streichelt die **graue** Katze.

3 ✎ Setze die Adjektive passend ein. Markiere.

e̶	e	es	en

> Die Pfoten sind <u>klein</u>. Mein Tier hat **kleine** Pfoten.
>
> Die Zähne sind <u>scharf</u>. Es hat _____ Zähne.
>
> Das Fell ist <u>weich</u>. Es hat _____ Fell.
>
> Der Schwanz ist <u>lang</u>. Es hat einen _____ Schwanz.

• SAH, S. 103
• SB, S. 71

sprachliche Begriffe/Strukturen kennen und anwenden:
Adjektive kennen

Sprache untersuchen

103

Gegensätze kennen

Viele Adjektive haben einen Gegensatz.

① ✏ Finde die Gegensatzpaare.
✏ Kreise sie farbig ein.

laut	groß	lang	dünn	dunkel	weich
hell	kurz	leise	dick	klein	hart

② ✏ Schreibe die Gegensatzpaare aus ① auf.

laut — leise

____ — ____

____ — ____

____ — ____

____ — ____

____ — ____

③ ✏ Setze den Gegensatz aus ② ein.

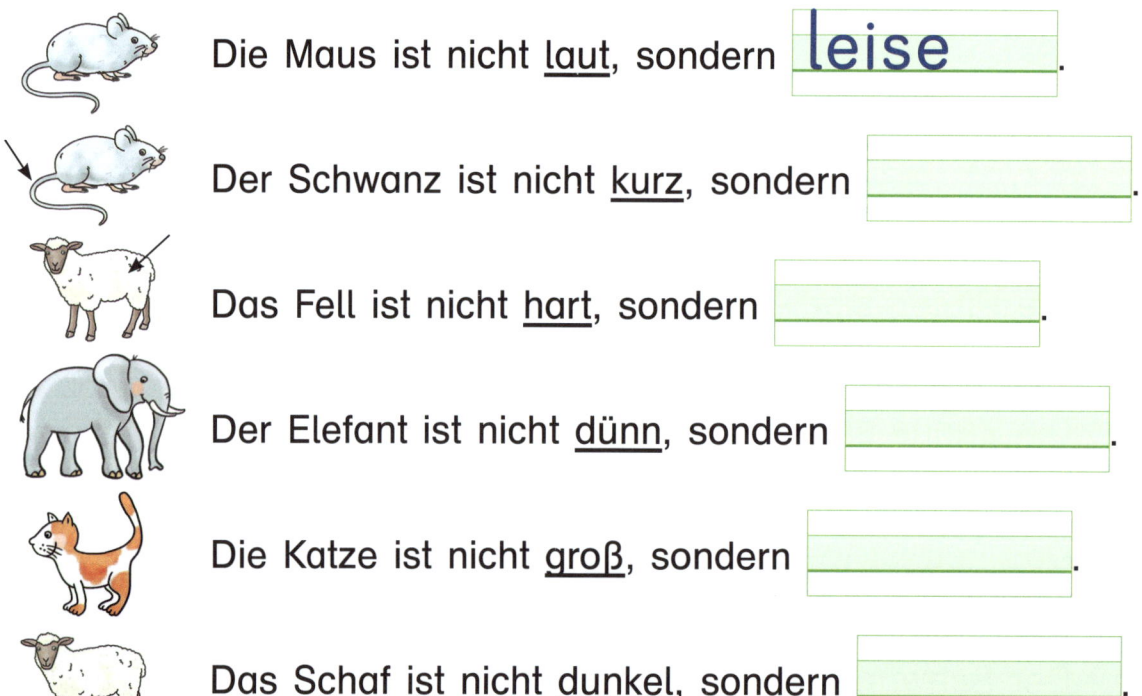

Die Maus ist nicht <u>laut</u>, sondern **leise**.

Der Schwanz ist nicht <u>kurz</u>, sondern _____.

Das Fell ist nicht <u>hart</u>, sondern _____.

Der Elefant ist nicht <u>dünn</u>, sondern _____.

Die Katze ist nicht <u>groß</u>, sondern _____.

Das Schaf ist nicht <u>dunkel</u>, sondern _____.

Sprache untersuchen sprachliche Begriffe/Strukturen kennen und anwenden: • SAH, S. 104
Gegensätze kennen • SB, S. 71

104

Adjektive mit Auslautverhärtung weiterschwingen

1 👄 Erzähle.

Der Ball ist run⬛

t oder d? Ich höre t am Ende.

Schwinge weiter:
der runde Ball –
also rund mit **d**.

2 🕊 ✏ **t** oder **d**? Schwinge die Adjektive weiter.

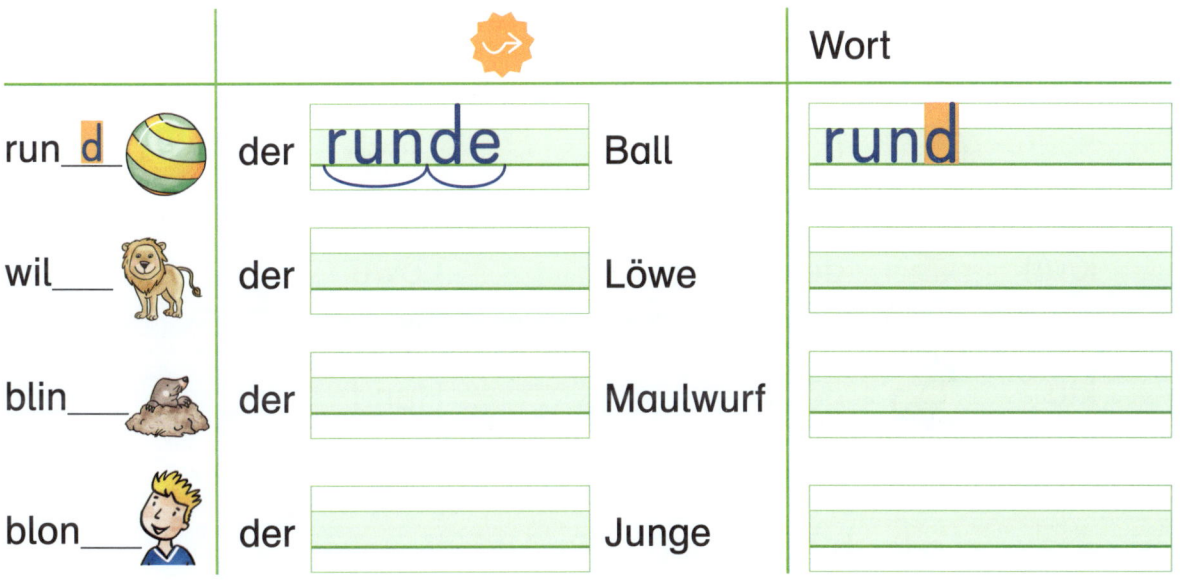

		Wort
run_d_ 🟡	der **runde** Ball	**rund**
wil___ 🦁	der _____ Löwe	_____
blin___ 🦔	der _____ Maulwurf	_____
blon___ 👦	der _____ Junge	_____

3 🕊 ✏ **t** oder **d**? Schwinge die Adjektive weiter.

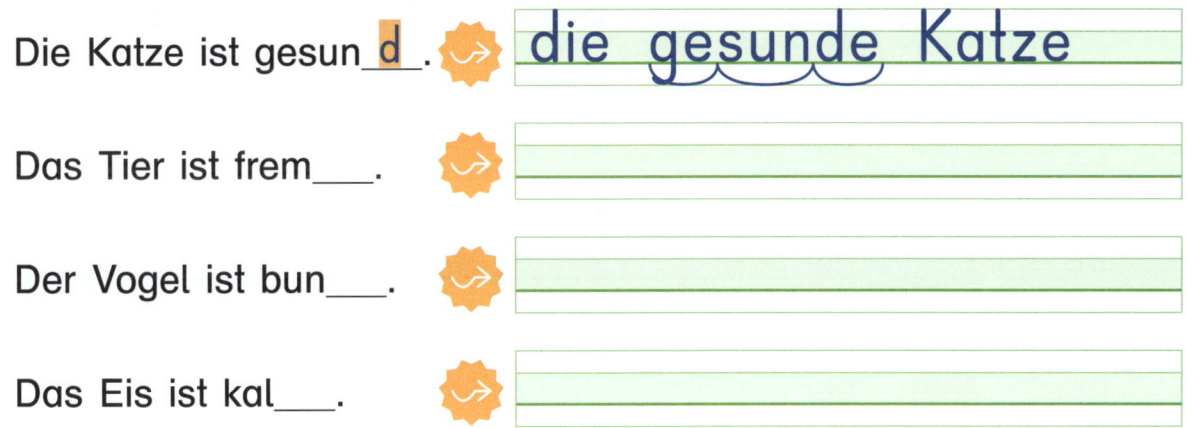

Die Katze ist gesun_d_ . ↻ **die gesunde Katze**

Das Tier ist frem___ . ↻ _____

Der Vogel ist bun___ . ↻ _____

Das Eis ist kal___ . ↻ _____

• SAH, S. 105
• SB, S. 72

rechtschriftliche Kenntnisse anwenden: Adjektive mit Auslautver-
härtung schreiben;
Rechtschreibstrategien anwenden: Weiterschwingen

Richtig schreiben

105

Adjektive mit Auslautverhärtung weiterschwingen

① 👄 Erzähle.

Das Dach ist schrä...

k oder g?
Ich höre k
am Ende.

Schwinge weiter:
das schräge Dach
– also schräg mit g.

② 🐦 ✏️ k oder g? Schwinge die Adjektive weiter.

	↻		Wort
schrä_g_ 🏠	das	*schräge* Dach	**schräg**
kran___ 🦁	der	Löwe	
klu___ 🐕	der	Hund	

③ 🐦 ✏️ p oder b? Schwinge die Adjektive weiter.

	↻		Wort
gro_b_ 🌭	die	grobe Wurst	grob
tau___ 🐍	die	Schlange	
trü___ 🏞️	der	See	
gel___ 🍯	der	Honig	

rechtschriftliche Kenntnisse anwenden: Adjektive mit Auslautver-
härtung schreiben;
Rechtschreibstrategien anwenden: Weiterschwingen

• SAH, S. 106
• SB, S. 72

Nomen und Adjektive mit ie weiterschwingen

① ✏ Welche Nomen sind verwandt? Unterstreiche.

Briefe	Spiele	Tiere	Ziele	Siebe	Lieder

Tier	Sieb	Ziel	Brief	Lied	Spiel

② ✏ 🐦 Schreibe die Paare aus ①. Setze Silbenbögen. Markiere **ie**.

Briefe — Brief,

> Schwinge weiter:
> **ie** steht
> in der offenen Silbe.

③ 🐦 ✏ Schwinge die Adjektive weiter.

	↻		Wort
mies	das **miese**	Wetter	**mies**
tief	der	See	
schief	der	Turm	
fies	die	Ratte	
lieb	die	Katze	

• SAH, S. 107
• SB, S. 73

rechtschriftliche Kenntnisse anwenden: Wörter mit ie (offene Silbe)
schreiben;
Rechtschreibstrategien anwenden: Weiterschwingen

Richtig schreiben

107

Verben mit ie weiterschwingen

1 Schwinge die Verben weiter.

er liegt	wir liegen	es fliegt	
es riecht	wir	sie wiegt	
sie liebt		er siebt	
er spielt		sie biegt	

2 ie oder i?
Schwinge die Verben weiter.

Ein kleiner Vogel p_ie_pt. → wir piepen

Lola s___gt im Spiel. → wir

Ole z___lt auf das Tor. → wir

Das Baby fr___rt. → wir

Lara n___st laut. → wir

Mama sch___bt einen Wagen. → wir

Mein Bruder sch___lt. → wir

Richtig schreiben   rechtschriftliche Kenntnisse anwenden: Verben mit ie (offene
Silbe) schreiben;
Rechtschreibstrategien anwenden: Weiterschwingen

• SAH, S. 108
• SB, S. 73

Einen Steckbrief kennen

1 👁 Lies die Texte.

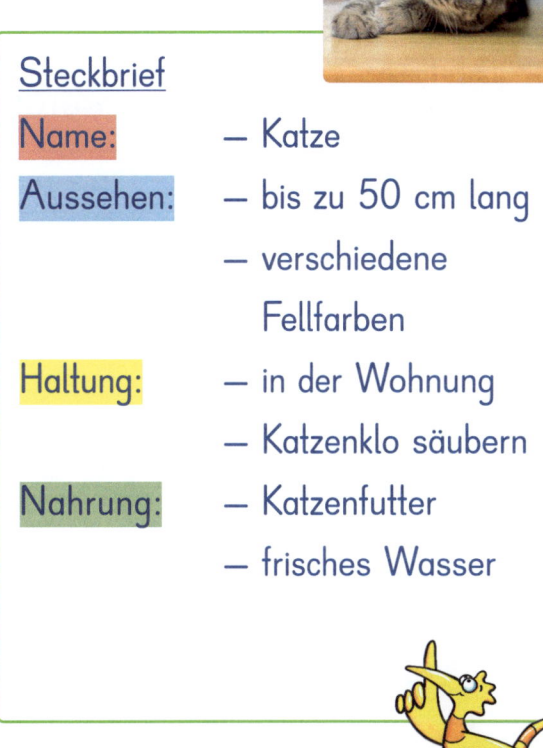

> Katzen werden bis zu
> 50 cm lang.
> Ihr Fell kann verschiedene
> Farben haben.
> Katzen werden häufig
> in der Wohnung gehalten.
> Gefüttert werden die Tiere
> mit Katzenfutter
> und frischem Wasser.
> Das Katzenklo säubert
> man täglich.

> Steckbrief
>
> Name: – Katze
> Aussehen: – bis zu 50 cm lang
>   – verschiedene
>   Fellfarben
> Haltung: – in der Wohnung
>   – Katzenklo säubern
> Nahrung: – Katzenfutter
>   – frisches Wasser

2 👁 Vergleicht die Texte aus ①.
👄 Was fällt euch auf? 💬

> Stichworte sind nur
> die wichtigen Wörter.

3 🖊 Markiere die Informationen
zu den Oberbegriffen aus ①.

> Katzen wiegen ungefähr 5 kg .
>
> Draußen machen sie Freigänge.
>
> Das Katzenklo muss täglich gesäubert werden.
>
> Katzen lieben Leckerlis .
>
> Katzen brauchen einen Kratzbaum .
>
> Sie schärfen dort ihre Krallen.

• SAH, S. 109
• SB, S. 74
• Wir-Heft B2, S. 86, 87

Texte planen: Informationen nach Oberbegriffen strukturieren;
Textfunktion klären (Steckbrief);
Texte überarbeiten: Texte an Schreibaufgabe überprüfen

Texte verfassen

109

Einen Steckbrief schreiben

① ✎ Markiere die Informationen zu den Oberbegriffen.

| Meerschweinchen | werden | 20 bis 35 cm groß |.

Sie haben | kleine Ohren | und | kurze Beine |.

Das | Fell | hat oft | mehrere Farben |.

Die Tiere fressen fast den ganzen Tag.

Am liebsten mögen sie | Heu, Salat, Obst und Gemüse |.

Ihr | Käfig | sollte | trocken | sein. Sie sollten | nicht alleine leben |.

② ✎ Schreibe einen Steckbrief über Meerschweinchen. Präsentiere.

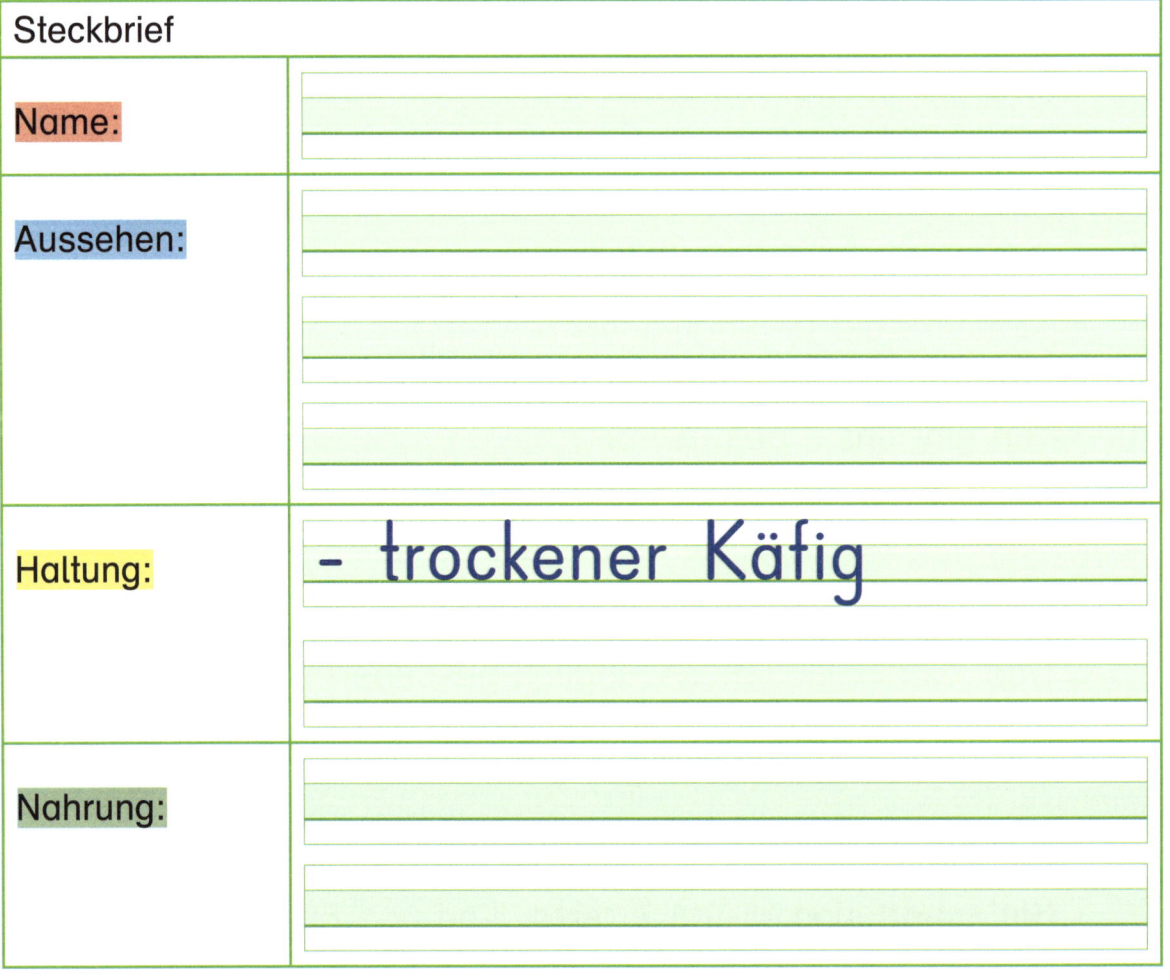

Steckbrief	
Name:	
Aussehen:	
Haltung:	– trockener Käfig
Nahrung:	

Texte planen: Informationen nach Oberbegriffen strukturieren;
Stichworte schreiben; Texte schreiben: Steckbrief nach Mustern
schreiben; sprechen: mithilfe von Stichworten ein Tier vorstellen

• SAH, S. 110
• SB, S. 74
• Wir-Heft B2, S. 88, 89

Forschen mit Bu

Adjektive mit Auslautverhärtung weiterschwingen

1 Schwinge die Adjektive. Markiere **d**, **b** und **g**.

S. 21

Grundwortschatz	
ru**n**d ↪	↪
fremd	↪
wütend	↪
wild	↪
gesund	↪

Grundwortschatz	
blond	↪
gel**b**	↪
lieb	↪
halb	↪
klu**g**	↪

2 Schwinge die Adjektive weiter. der runde Ball – run**d**,...

3 Führt ein Rechtschreib-Gespräch.

S. 20

rund	gelb	lieb	klug

4 Setze die Adjektive aus **3** ein.

Kari und Bu sind _lieb_____ zu allen.

Kari gibt uns Tipps. Er ist _____ .

Karis Bauch ist nicht eckig, sondern _____ .

Bus Federn sind _____ .

5 Unterstreiche die Wörter.

und   sind   ~~schon~~

Wir stellen schon morgen unsere Steckbriefe vor.
Hoffentlich sind wir dann fertig. Kari und Bu brauchen noch Zeit.

• SAH, S. 111
• SB, S. 76

Rechtschreibstrategie anwenden: Weiterschwingen;
rechtschriftliche Kenntnisse anwenden: Funktionswörter erkennen;
Arbeitstechniken anwenden: Rechtschreibgespräch

Grundwortschatz

111

Mit Adjektiven beschreiben

① ✎ Setze die Adjektive ein.

braunes	kurzen	scharfen	süßen	große	kleine

Der Bär hat ein **braunes** Fell.

Er hat sehr _____ Ohren.

An seinen _____ Beinen hat er _____ Tatzen

mit _____ Krallen.

Er liebt _____ Honig.

② ✎ Setze die Adjektive passend ein. Markiere.

trocken	grau	grün	lang	lecker

Der Elefant hat eine _____ Haut und kein Fell.

Er hat einen _____ Rüssel.

Der Elefant frisst gerne _____ Brot und Heu.

Er mag auch **grüne** Blätter und _____ Äpfel.

112

Wiederholung
Sprache untersuchen

Inhalte des Kapitels wiederholen;
eigenen Lernstand reflektieren

• SAH, S. 112
• SB, S. 77
• Das kann ich, S. 14

Adjektive mit Auslautverhärtung weiterschwingen

1 t oder d? Schwinge die Adjektive weiter.

	↪		Wort
blin_d_	die blinde Schlange		blind
bun___	der _____ Vogel		_____
har___	der _____ Stein		_____

2 k oder g? Schwinge die Adjektive weiter.

	↪		Wort
star___	die _____ Löwin		_____
klu___	der _____ Tiger		_____

3 p oder b? Schwinge die Adjektive weiter.

	↪		Wort
gel___	der _____ Fisch		_____
gro___	das _____ Futter		_____
lie___	das _____ Reh		_____

S. 19

• SAH, S. 113
• SB, S. 77
• Das kann ich, S. 15

Inhalte des Kapitels wiederholen;
eigenen Lernstand reflektieren

Wiederholung
Richtig schreiben

STOPP

113

Von Lesegewohnheiten berichten

① 👄 Erzähle.

② 👄 Wo und wann lest ihr? Erzählt. 💬

③ 👄 Was liest du gerne? Erzähle.

④ Ihr wollt Bücher in der Klasse verleihen.
Wie könnt ihr vorgehen? Plant.

Buch:
Name:
Datum:

zu anderen sprechen: erzählen; mit Medien umgehen: von eigenen Lese- und Medienerfahrungen berichten; mediale Formen auf Basis von Interessen/Vorlieben auswählen

- SAH, S. 114
- SB, S. 78
- Wir-Heft B2, S. 92, 93

Über Leseerfahrungen sprechen

① 👄 Erzähle.

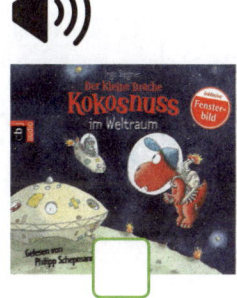

② ✏️ Ordne die Oberbegriffe den Büchern aus ① zu.

1 Sachbuch	2 Bilderbuch	3 Abenteuerbuch	4 Hörbuch

③ 👄 Was gefällt dir besser: Buch oder Hörbuch? Erkläre.

④ 👄 Ali stellt sein Buch vor. Erzähle.

> Mein Lieblingsbuch
>
> Titel: Der kleine Drache Kokosnuss
> im Weltraum
>
> Autor: Ingo Siegner
>
> Figuren: Kokosnuss und seine Freunde,
> der Fressdrache Oskar und
> das Stachelschwein Matilda
>
> Das Buch gefällt mir, weil es spannend
> und lustig ist.

Mir gefällt das Buch, weil es spannend ist.

⑤ 👄 Wähle ein Buch aus. Nenne Titel und Autorin oder Autor.
Warum gefällt dir das Buch? Erkläre.

S. 19 —

• SAH, S. 115
• SB, S. 79
• Wir-Heft B2, S. 94, 95

zu anderen sprechen: informieren;
mit Medien umgehen: Bücher vorstellen 🖥 ;
verstehend zuhören: Rückmeldung geben

Sprechen und
Zuhören **115**

Wortstämme erkennen

(1)  Was pas**siert** mit dem Wort**stamm**? Er**zählt**.

ich |helf|e

die |Hilf|e

|hilf|sbereit

In manchen Wörtern ändert sich der Vokal im **Wortstamm**: |helf|en — die |Hilf|e, |find|en — der |Fund|ort.

(2) Mar**kie**re die Vo**ka**le in den Wort**stäm**men.

|f|i|nd|en	ab|biegen|	|Wunsch|	|sing|en
ge|f|un|d|en	|Bogen|	|wünsch|en	Ge|s|ang
|Fund|ort	ge|bog|en	ver|wunsch|en	ge|s|ung|en
|Find|er	|bieg|sam	ge|wünsch|t	vor|sing|en

(3) Mar**kie**re den Wort**stamm**.

| Ab|fall| umfallen fällt Einfall gefällt ausfallen |

| |Koch| gekocht Köchin vorkochen köcheln |

| |bau|en Bauer Gebäude Bausteine abbauen |

| |trink|en Trank getrunken Trinkhalm Getränk |

| |sprech|en spricht Sprache gesprochen spreche |

Sprache untersuchen sprachliche Strukturen kennen und anwenden: Wortfamilien und Wortstammänderungen kennen; Möglichkeiten der Wortbildung nutzen (Wortfamilie)
• SAH, S. 116
• SB, S. 80

Wortstämme erkennen ⬡

① ✎ Markiere die Wortstämme jeder Wortfamilie farbig.

SCHREIB	SPRING	SING

du schreibst	springen	du singst	mitsingen
verschreiben	Sprungturm	Singvogel	er springt
Schreibheft	abspringen	Sänger	geschrieben

② ✎ Unterstreiche die Wörter mit dem Wortstamm ESS.

Lisa lädt Clara zum <u>Essen</u> ein.

Sie decken den Esstisch.

Es gibt Salat mit essbaren Blüten.

Clara isst gerne Tomaten.

Sie sind ihr Lieblingsessen.

Lisa und Clara haben alles aufgegessen.

③ ✎ Schreibe die unterstrichenen Wörter aus ②.
✎ Markiere den Wortstamm.

Essen,

• SAH, S. 117
• SB, S. 80

sprachliche Strukturen kennen und anwenden: Wortfamilien und Wortstammänderungen kennen; Möglichkeiten der Wortbildung nutzen (Wortfamilie)

Sprache untersuchen

117

Vorsilben kennen

(1) 👁 👄 Lies die Verben. Was fällt dir auf? △

| |ab|schreiben | |auf|schreiben | |unter|schreiben |

(2) 👄 Was bedeuten die Verben aus (1)? Erklärt. 👥

Vorangestellte Wortbausteine nennt man **Vorsilben**.
Sie verändern die Bedeutung von Wörtern.
schreiben: |ab|schreiben, |auf|schreiben, |unter|schreiben

(3) ✏ Bilde mit den Wortbausteinen Verben.

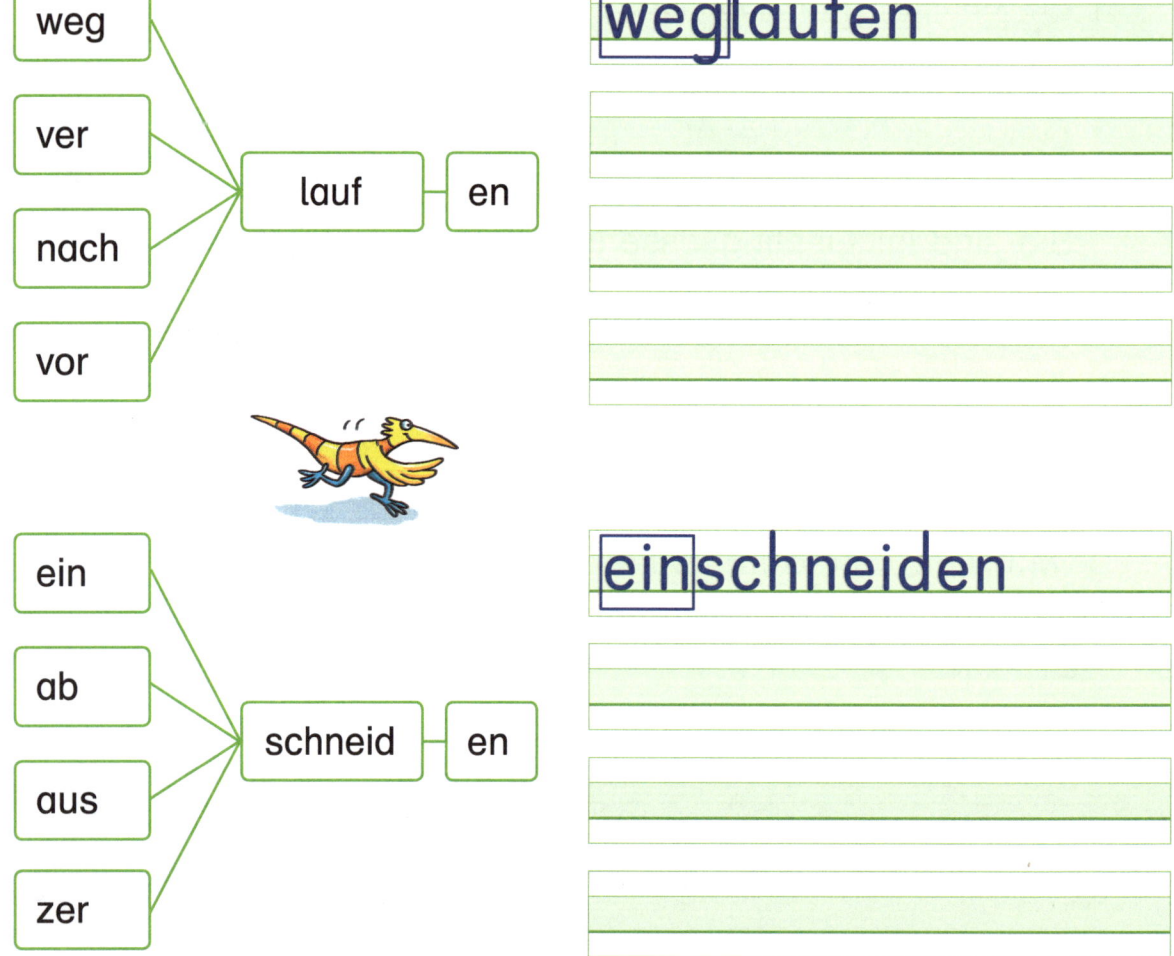

weg · ver · nach · vor — lauf — en

weglaufen

ein · ab · aus · zer — schneid — en

einschneiden

118

Sprache untersuchen sprachliche Strukturen kennen und anwenden: Vorsilben kennen; • SAH, S. 118
Möglichkeiten der Wortbildung nutzen (Vorsilben) • SB, S. 81

Vorsilben kennen ⬚

① ✏ Bilde mit den Vorsilben neue Verben.

| auf |
| ab |
| mit | → | geben |
| aus |
| an |

aufgeben

> Vorsilben schreibst
> du immer gleich.

② ✏ Setze die Verben ein.

| ausgeben | abgeben | mitgeben | ~~aufgeben~~ | angeben |

Frau Bär wird uns keine Hausaufgaben **aufgeben** .

Samara will mit ihrer neuen Uhr _____ .

Willst du dafür dein Taschengeld _____ ?

Ali kann Momo etwas von seinem Brot _____ .

Kann ich dir Siams Turnbeutel _____ ?

• SAH, S. 119
• SB, S. 81

sprachliche Strukturen kennen und anwenden: Vorsilben kennen;
Möglichkeiten der Wortbildung nutzen (Vorsilben)

Sprache untersuchen

119

Vorsilben kennen ⬡

1 ✎ Setze die passende Vorsilbe ein.

an	ein	los	~~mit~~	zu	ver	unter

Lass uns eine Tasche __mit__ nehmen.

Du sollst die Hundeleine nicht _____lassen.

Mama hat das Essen _____bereitet.

Louis will Emma zu seiner Feier _____laden.

Im Museum kannst du dir Bilder _____sehen.

Lena wird Annas Geheimnis nicht _____raten.

Papa will das Zeugnis _____schreiben.

2 ✎ Löse die Rätsel. Markiere die Vorsilbe.

auspacken	vorlesen	~~vorrechnen~~
vergessen	ausgraben	verfahren

eine Matheaufgabe erklären

vorrechnen

etwas laut lesen

etwas zu Hause lassen

etwas aus der Erde holen

einen falschen Weg nehmen

Dinge aus dem Koffer holen

Sprache untersuchen

sprachliche Strukturen kennen und anwenden: Vorsilben kennen;
Möglichkeiten der Wortbildung nutzen (Vorsilben)

• SAH, S. 120
• SB, S. 81

120

Nomen mit ä und äu ableiten

① 👄 Erzähle.

e oder ä?

B

Hier hilft Ableiten.
Bänke ist verwandt
mit Bank, also ä!

eu oder äu?

Mäuse ist verwandt
mit Maus, also äu!

② ✏ Welche Nomen sind verwandt? Verbinde.
✏ Kreise a/ä und au/äu ein.

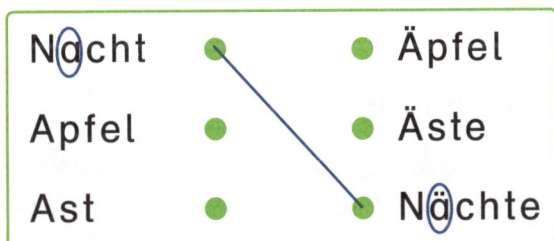

Nacht • • Äpfel
Apfel • • Äste
Ast • • Nächte

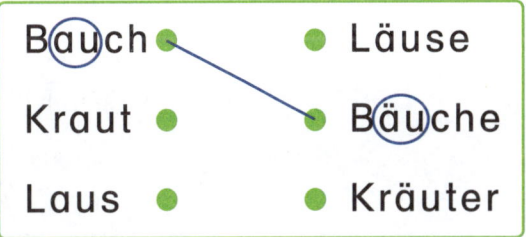

Bauch • • Läuse
Kraut • • Bäuche
Laus • • Kräuter

③ ✏ Leite die Nomen ab. Markiere ä und äu.

	Wort
der Ball	die Bälle

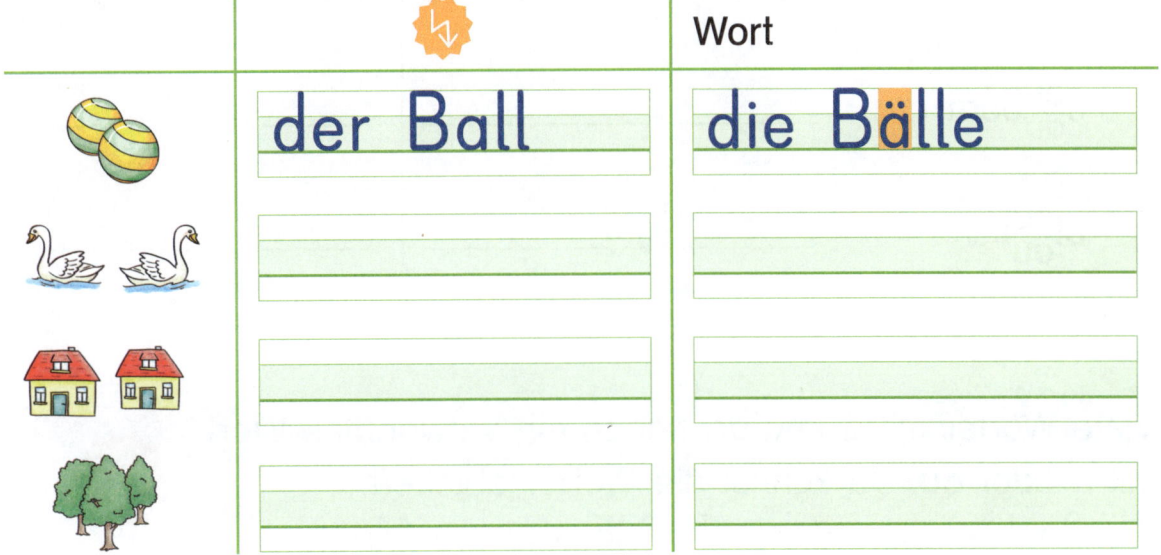

• SAH, S. 121
• SB, S. 82

rechtschriftliche Kenntnisse anwenden: Nomen mit ä und äu
schreiben, verwandte Nomen finden;
Rechtschreibstrategien anwenden: Ableiten

Richtig schreiben

121

Wörter mit ä und äu ableiten

① 👄 Erzähle.

Warum schreibt man Räuber mit **äu**?

Räuber kannst du von rauben ableiten, also **äu**!

② ✎ Welche Wörter sind verwandt? Verbinde.
✎ Kreise **a/ä** und **au/äu** ein.

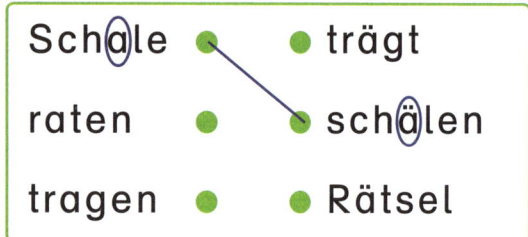

Sch(a)le • • trägt

raten • • sch(ä)len

tragen • • Rätsel

Raum • • träumen

Traum • • Verkäufer

kaufen • • räumen

③ ✎ Leite die Wörter ab. Markiere **ä** und **äu**.

		Wort
t·ä·glich	der Tag	**tä**glich
der Schl·ä·ger		
s·äu·bern		
bl·äu·lich		

Viele Wörter mit **ä** und **äu** haben ein verwandtes Wort mit **a** oder **au**. Du kannst die Wörter ableiten:
die Bank – die B**ä**nke, die Maus – die M**äu**se.

Richtig schreiben

rechtschriftliche Kenntnisse anwenden: Wörter mit ä und äu schreiben, verwandte Wörter finden; Rechtschreibstrategien anwenden: Ableiten

• SAH, S. 122
• SB, S. 83

122

Eine Geschichte planen und schreiben

1 👄 Erzähle.

Pause

eingeschlossen

Hilfe

…

2 ✏️ 👄 Lies und kreuze an. Erzählt euch die Geschichte. 👥

Thema	Eingeschlossen in der Toilette
Anfangssatz	In der Pause spielt Ronja mit anderen Kindern Verstecken.
Was passiert?	Ronja versteckt sich auf der Toilette. Die Tür klemmt. Sie kniet sich hin. Ronja schaut unter der Tür durch.
Was passiert?	○ Ronja fängt an zu weinen, weil sie Angst hat. ○ Ronja ruft um Hilfe und klopft an die Tür. ○ Ronja öffnet das Fenster.
Was passiert?	○ Andere Kinder befreien Ronja. ○ Die Hausmeisterin findet Ronja. ○ Ronja befreit sich selbst.
Ende	○ Ronja ist erleichtert. ○ _____
Überschrift	_____

3 ✏️ Schreibe die Geschichte. Nutze die Ideen aus **2**. 📓

• SAH, S. 123
• SB, S. 84
• Wir-Heft B2, S.96, 97

Texte planen: Ideen entwickeln; Inhalte strukturieren (Schreib-
plan); Texte schreiben: auf Basis von Schreibimpulsen
einen eigenen Text schreiben

Texte verfassen

123

Eine Geschichte überarbeiten

1 👁 Lies die Geschichte.

> **Eingeschlossen**
> In der Pause spielt Ronja mit anderen Kindern Verstecken.
> Sie versteckt sich auf der Toilette.
> Ihr ist ein bisschen <mark>unheimlich</mark>, denn sie ist ganz <mark>allein</mark>.
> Keiner findet sie. Plötzlich klingelt es.
> Die Pause ist zu Ende. Es ist <mark>still</mark>.
> Alle sind in ihren Klassenräumen.
> Ronja ist <mark>froh</mark>, denn sie hat gewonnen. Aber was ist das?
> Die Tür geht nicht mehr auf. Ronja <mark>fürchtet sich</mark> und ruft um Hilfe.
> Die Hausmeisterin befreit sie.
> Ronja ist <mark>erleichtert</mark> und geht in ihre Klasse.
>
> Adin

— S. 18

2 Was fällt euch auf?
👄 Führt eine Leserunde durch. 👥

> Bei Adins Geschichte habe ich Kino im Kopf.

3 Was macht Adins Geschichte spannend?
👄 Beschreibt. 👥

4 Wie fühlt sich Ronja?
✏ Schreibe Sätze zu Gefühlen.

| ängstlich | glücklich | traurig | mutig | hilflos |

Ronja ist

Texte überarbeiten: Leserunde durchführen;
Text schreiben: Gedanken und Gefühle ausdrücken

• SAH, S. 124
• SB, S. 85
• Wir-Heft B2, S. 98, 99

Wörter mit ä und äu ableiten

(1) Schwinge die Wörter. Markiere **ä** und **äu**.   S. 21

🔒 Grundwortschatz	
er tr**ä**gt	🔽
sie hält	🔽
es schläft	🔽
die Nächte	🔽 🔼
er wäscht	🔽

🔒 Grundwortschatz	
die Räder	🔽 🔼
die Z**äu**ne	🔽 🔼
die Mäuse	🔽 🔼
sie läuft	🔽
die Sträucher	🔽 🔼

(2) Leite die Wörter ab. wir tragen — er tr**ä**gt, …

(3) Führt ein Rechtschreib-Gespräch.   S. 20

schläft	Mäuse	läuft	Sträucher

(4) Setze die Wörter aus (3) ein.

> Lisa läuft_____ auf den Schulhof.
>
> Sie schaut hinter die grünen _____ .
>
> Die Katze _____ dort. So fängt sie keine _____ .

(5) Unterstreiche die Wörter.   wer m~~it~~ nach

> Ronja schlägt <u>mit</u> den Fäusten an die Tür.
> Sie überlegt, wer ihr helfen kann.
> Wie kommt sie nach Hause?

• SAH, S. 125
• SB, S. 86

Rechtschreibstrategie anwenden: Ableiten;
rechtschriftliche Kenntnisse anwenden: Funktionswörter erkennen;
Arbeitstechniken anwenden: Rechtschreibgespräch

Grundwortschatz

125

Wortstämme erkennen und nutzen

① ✎ Markiere die Wortstämme jeder Wortfamilie farbig.

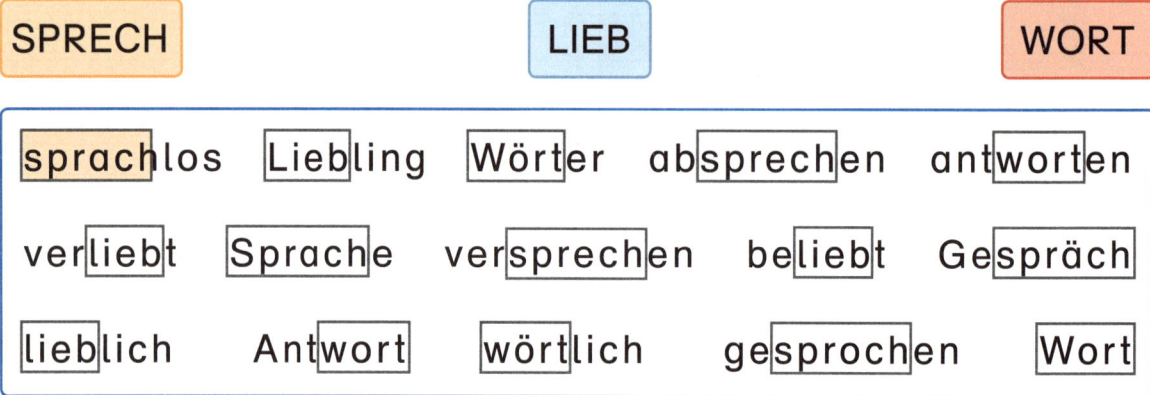

| SPRECH | | LIEB | | WORT |

sprachlos   Liebling   Wörter   absprechen   antworten

verliebt   Sprache   versprechen   beliebt   Gespräch

lieblich   Antwort   wörtlich   gesprochen   Wort

② ✎ Schreibe die vier Wörter der Wortfamilie HELF auf.

Helfer   stellst   hilflos   helfen   Gestell   geholfen   Stelle

③ ✎ Markiere den Wortstamm.

denken   Gedanke   bedenklich   überdenken

Hochsprung   aufspringen   Absprung   springen

binden   Verband   gebunden   Armband

stechen   Stich   gestochen   sticht

Wiederholung
Sprache untersuchen

Inhalte des Kapitels wiederholen;
eigenen Lernstand reflektieren

- SAH, S. 126
- SB, S. 87
- Das kann ich, S. 16

Wörter mit ä und äu ableiten

① 🖊 Welche Nomen sind verwandt? Verbinde.

🖊 Kreise **a/ä** und **au/äu** ein.

M(a)nn ●	● Gewässer	Traum ●	● Läuse
Wasser ●	● Gräser	Schlauch ●	● Träume
Gras ●	● M(ä)nner	Laus ●	● Schläuche

② 🖊 Leite die Nomen ab. Markiere **ä** und **äu**.

	⚡	Wort
die Ëste / die Äste	**der Ast**	**die Äste**
die Seäfte		
die Beänke		
die Keämme		
die Zeäune		
die Streäucher		
die Reäume		
die Feäuste		

☺ ☺ 😐 ☹   S. 19

• SAH, S. 127
• SB, S. 87
• Das kann ich, S. 17

Inhalte des Kapitels wiederholen;
eigenen Lernstand reflektieren

Wiederholung
Richtig schreiben

127

Bilder beschreiben

① 👄 Erzähle.

② Wähle eine Situation aus ① aus.
👄 Was siehst du? Beschreibe genau.

③ Was kannst du auf einem Spielplatz erleben?
👄 Erzähle.

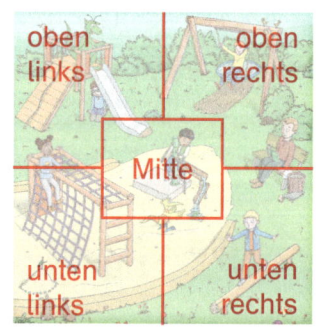

④ Spielt das Spiel **Ich sehe was, was du nicht siehst.**

Sprechen und Zuhören

zu anderen sprechen: ein Bild beschreiben; von eigenen Erlebnissen berichten; verstehend zuhören: Hörtexte erfassen; gezielt nachfragen

• SAH, S. 128
• SB, S. 88
• Wir-Heft B2, S. 102, 103

Verstehend zuhören

1 👁 👄 Lies und erzähle.

> Mein Lieblingsspiel spielst du draußen oder drinnen.
> Es müssen mindestens zwei Kinder mitspielen.
> Für das Spiel brauchst du viele Verstecke.
> Das Spiel endet, wenn alle gefunden sind.

2 ✏ Verbinde.

Wo spielst du das Spiel?

Wie viele Kinder können mitspielen?

Was brauchst du für das Spiel?

Wann endet das Spiel?

3 👄 Erzähle von dem Spiel aus ②. Die anderen raten.

4 👄 Wie ist dir das Zuhören gelungen? Erzähle.

> Ich konnte gut zuhören, weil …

> Ich habe das Kind angeschaut.

> …

• SAH, S. 129
• SB, S. 89
• Wir-Heft B2, S. 104, 105

zu anderen sprechen: beschreiben;
verstehend zuhören: Gesprächsbeiträge verfolgen, verstehen,
gezielt nachfragen; reflektieren

Wortarten erkennen

1 👁 Lies die Sätze.

✏ Setze **Nomen**, **Verb** und **Adjektiv** ein.

Ein V_____ sagt, **was** wir **tun**.

Ein _____ gibt Menschen,

Tieren, Pflanzen und Dingen einen **Namen**.

Ein _____ sagt mir, **wie** etwas

ist. Ich **beschreibe** damit genau.

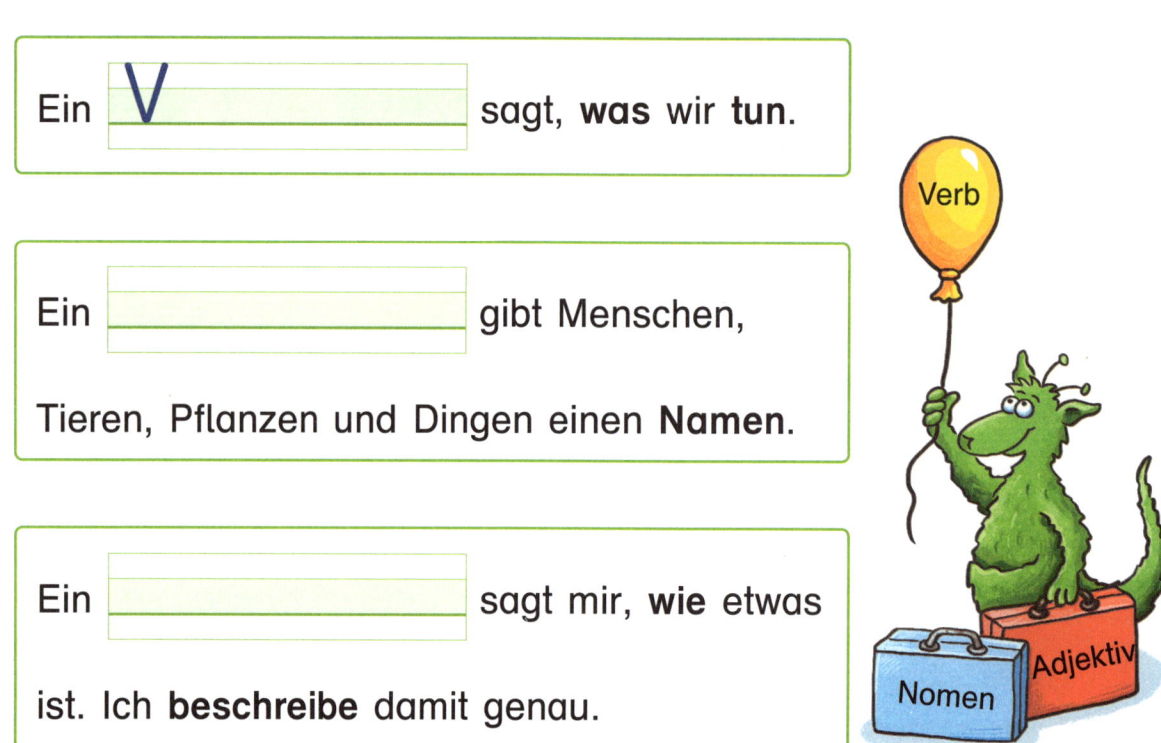

2 ✏ Unterstreiche die Nomen, Verben und Adjektive in drei Farben.

👄 Erklärt. 👥

GARTEN	SPIELT	KALT	LACHT
FRAU	NASS	EIMER	TRINKT	LECKER

Nomen schreibe ich groß.

3 ✏ Schreibe die Wörter aus **2** richtig auf.

Nomen: **Garten** _____ _____

Verben: **spielt** _____ _____

Adjektive: **kalt** _____ _____

Sprache untersuchen   sprachliche Strukturen kennen und anwenden: Wortarten unterscheiden: Nomen (Substantive), Verben, Adjektive

• SAH, S. 130
• SB, S. 90

Wortarten erkennen

1 ✏ Unterstreiche die Nomen, Verben und Adjektive in drei Farben.

FANGE	RENNT	AUTO	SEIL	LANG
LIEB	FREUND		LAUFE	KLEIN

2 ✏ Schreibe die Wörter aus ① richtig auf.

Nomen: Auto

Verben:

Adjektive:

3 ✏ Schreibe die Nomen aus ② in der Mehrzahl.

S. 23 —

die Autos,

4 ✏ Schreibe die Verben aus ② in der Wir-Form.

wir fangen,

5 ✏ Setze die Adjektive aus ① ein.

Das Auto ist klein .

Der Freund ist   .

Das Seil ist   .

Präpositionen kennen und verwenden

① ✏ Wo sitzt Kari? Schreibe.

| vor | ~~unter~~ | hinter | neben |

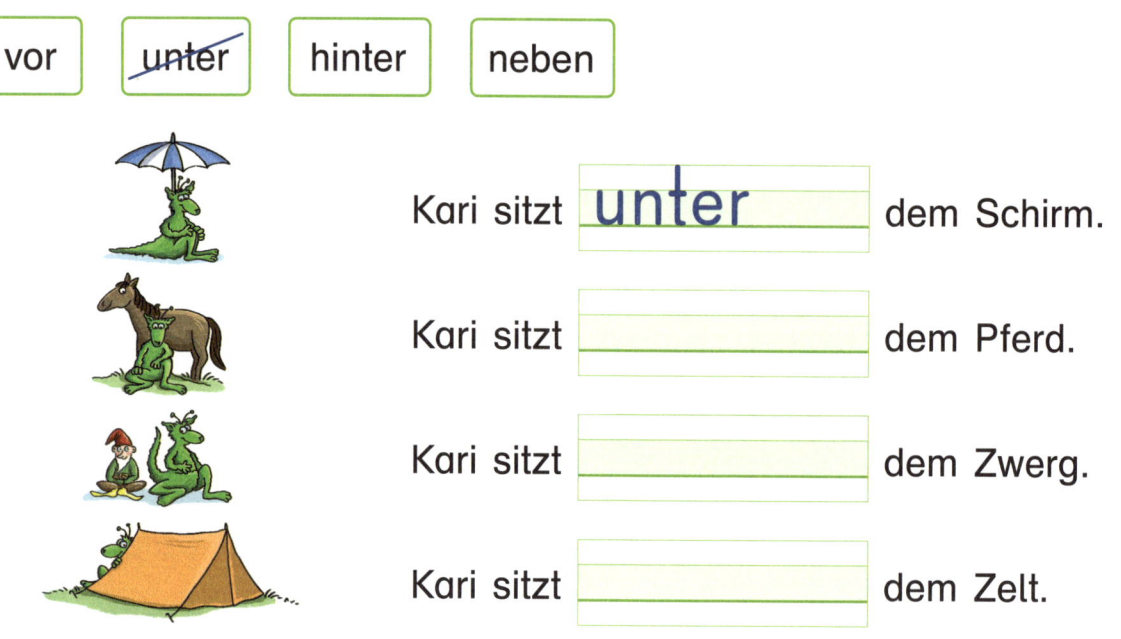

Kari sitzt **unter** dem Schirm.

Kari sitzt _____ dem Pferd.

Kari sitzt _____ dem Zwerg.

Kari sitzt _____ dem Zelt.

② ✏ Wo liegt Bu? Schreibe.

| zwischen | unter | vor | ~~auf~~ |

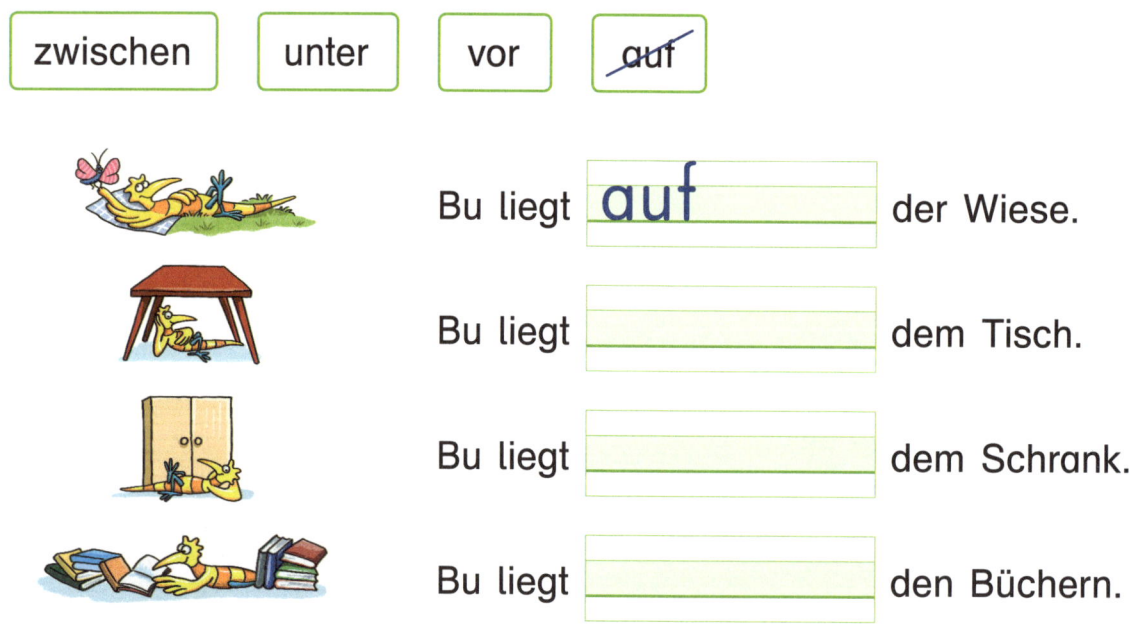

Bu liegt **auf** der Wiese.

Bu liegt _____ dem Tisch.

Bu liegt _____ dem Schrank.

Bu liegt _____ den Büchern.

③ Stellt Präpositionen dar.
Macht Fotos. 🧑‍🤝‍🧑

Sprache untersuchen   sprachliche Begriffe kennen und anwenden: Präpositionen kennen   • SAH, S. 132
und nutzen   • SB, S. 91

132

Präpositionen kennen und verwenden

1 👄 Erzähle.

> 1, 2, 3, … 19, 20!
> Ich komme!

2 ✏ Wo verstecken sich die Kinder? Setze ein.

Ali sitzt **neben** dem Baum.		auf
Faruk liegt _____ der Sandburg.		vor
Clara ist _____ der Rutsche.		in
Salome ist _____ der großen Röhre.		unter
Steffen sitzt _____ dem Ast.		~~neben~~

Präpositionen beschreiben, **wo** etwas ist:
<u>auf</u> dem Ast, <u>unter</u> der Rutsche.

Verben weiterschwingen

①  Erkläre.

Die Katze jagt.

k oder **g**?

Ich schwinge weiter:
wir jagen,
also jagt mit **g**.

② Schwinge die Verben weiter.

er legt   wir legen

er zeigt   _____

sie lügt   _____

sie merkt   _____

es biegt   _____

es klagt   _____

③ Was tut Kari? Setze die Verben passend ein.

saugen: Kari **saugt** _____ am Halm.

schwingen: Kari _____ in der Luft.

jagen: Kari _____ eine Maus.

liegen: Kari _____ im Bett.

fragen: Kari _____ Bu.

rechtschriftliche Kenntnisse anwenden: Verben mit Inlautverhär-
tung (k/g) schreiben;
Rechtschreibstrategien anwenden: Weiterschwingen

• SAH, S. 134
• SB, S. 92

Verben weiterschwingen

① **p** oder **b**? Welchen Buchstaben müsst ihr einsetzen?
👄 Erklärt. 💬

Jule to___t auf der Wiese.

Malte pum___t Luft in den Ball.

🔄 wir toben

🔄 wir pumpen

② 🐦 ✏️ **p** oder **b**? Schwinge die Verben weiter.

	🔄	Wort
er to_b_t	wir toben	er tobt
sie hu___t		
er lie___t		
sie blei___t		

③ ✏️ Was tut Bu? Setze die Verben passend ein.

toben: Bu tobt im Wald.

schreiben: Bu _____ mit Kreide.

schweben: Bu _____ durch die Luft.

sieben: Bu _____ den Sand.

• SAH, S. 135
• SB, S. 93

rechtschriftliche Kenntnisse anwenden: Verben mit Inlautverhär-
tung (p/b) schreiben;
Rechtschreibstrategien anwenden: Weiterschwingen

Richtig schreiben

135

Eine Geschichte planen

① 👄 Erzähle.

② ✏ Plane deine Geschichte.

Schreibplan	
Thema	**Auf dem Spielplatz**
Ideen	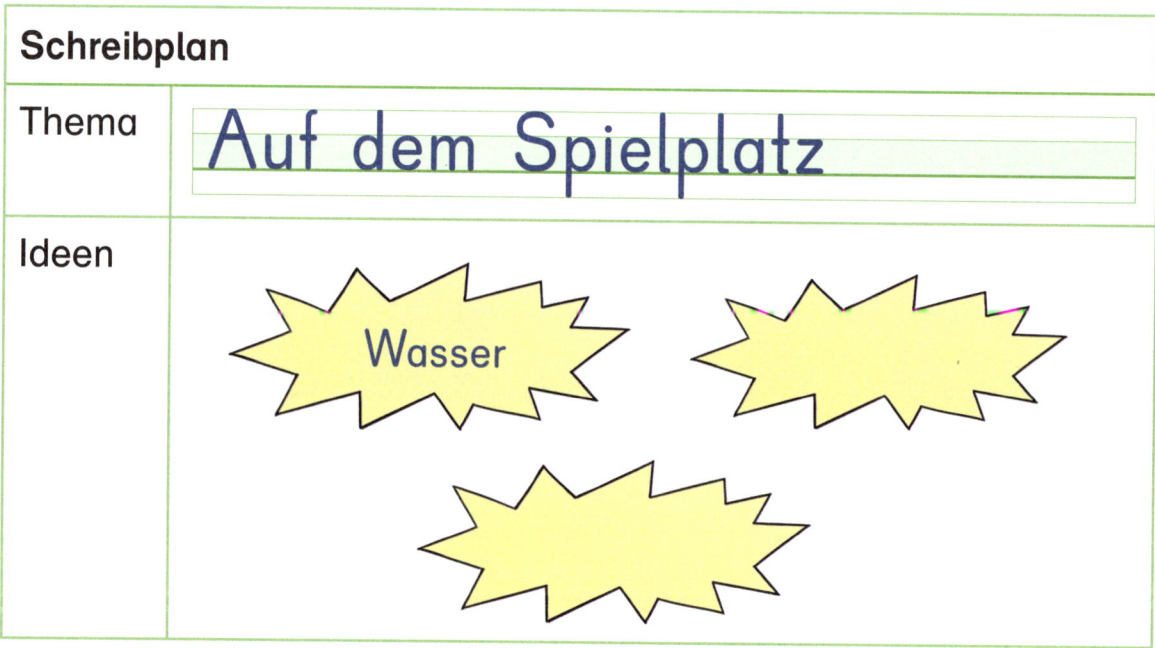 Wasser

③ ✏ Schreibe einen Anfangssatz für deine Geschichte.

Gestern ...
In den Ferien ...
Am Sonntag ...

Anfangssatz	

Texte verfassen

Texte planen: Ideen entwickeln; Inhalte strukturieren (Schreibplan); Texte schreiben: auf Basis von Schreibimpulsen einen eigenen Text schreiben

• SAH, S. 136
• SB, S. 94
• Wir-Heft B2, S. 106, 107

Eine Geschichte planen und schreiben

1 ✐ Plane deine Geschichte weiter. Nutze Stichworte.

Was passiert?	
Gefühl	
Was passiert?	
Gefühl	
Ende	
Gefühl	
Überschrift	

2 ✐ Schreibe deine Geschichte. Nutze deinen Schreibplan.

3 👄 Führt eine Leserunde zu euren Geschichten durch. 👥 S. 18 —

> Die Überschrift ist spannend.

> Du hast die Gefühle gut beschrieben.

> ...

• SAH, S. 137
• SB, S. 94
• Wir-Heft B2, S. 106, 107

Texte planen: Ideen entwickeln; Inhalte strukturieren (Schreib-plan); Texte schreiben: auf Basis von Schreibimpulsen einen eige-nen Text schreiben; Texte überarbeiten: Leserunde durchführen

Texte verfassen

Wortfelder nutzen

1 👁 Lest. Was fällt euch auf? 💬

Mein furchtbarer Morgen

O nein, ich habe verschlafen!

    flitze
Ich hubbele in das Badezimmer.

Angezogen hubbele ich die Treppe

hinunter und hubbele in die Küche.

Ich hubbele schnell zur Schule.

Der Unterricht hat schon angefangen.

Wortfeld gehen:

gehen	hüpfen
rennen	schleichen
flitzen	schlendern
laufen	schlurfen

2 Spielt die Verben aus dem **Wortfeld gehen** vor. 👥

3 ✏ Ersetze in ① hubbele durch passende Verben
    aus dem **Wortfeld gehen**.

– S. 18 **4** 👄 Führt eine Leserunde durch. 👥

Ein Wortfeld hilft,
Texte spannender
zu schreiben.

Alle Wörter mit einer ähnlichen Bedeutung
gehören zu einem **Wortfeld**.

Texte verfassen — Texte überarbeiten: Texte in Bezug auf die sprachliche Gestaltung
optimieren (Wortfelder); Wörter sammeln
• SAH, S. 138
• SB, S. 95
• Wir-Heft B2, S. 108, 109

Forschen mit Bu

Verben weiterschwingen

① 🕊 ✏ Schwinge die Verben. Markiere **g** und **b**. S. 21

Grundwortschatz	
er sa<u>g</u>t	↪
sie zeigt	↪
es legt	↪
er pflegt	↪
sie bewegt	↪

Grundwortschatz	
es schreibt	↪
er lebt	↪
sie übt	↪
es bleibt	↪
er klebt	↪

② 🕊 ✏ Schwinge die Verben weiter. 📖 wir sagen — er sagt, ...

③ Führt ein Rechtschreib-Gespräch. 👥 S. 20

zeigt	schreibt	bleibt	klebt

④ ✏ Setze die Verben aus ③ ein.

Mia <u>schreibt</u> abends in ihr Tagebuch.

Sie _____ einen Sticker in das Buch.

Mia _____ das Tagebuch nie. Es _____ geheim.

⑤ ✏ Unterstreiche die Wörter.   über   am   für

Faruk schreibt <u>über</u> einen Schatz.
Der Text ist für das Geschichtenbuch.
Alle lesen am Freitag vor.

• SAH, S. 139
• SB, S. 96

Rechtschreibstrategie anwenden: Weiterschwingen;
rechtschriftliche Kenntnisse anwenden: Funktionswörter erkennen;
Arbeitstechniken anwenden: Rechtschreibgespräch

Grundwortschatz

139

Wortarten kennen

1 ✏ Unterstreiche die Nomen, Verben und Adjektive in drei Farben.

JACKE	ALT	LEGT	KLEIN	ÜBT
MALT	BURG		WARM	SPINNE

2 ✏ Schreibe die Wörter aus ① richtig auf.

Nomen: **Jacke**

Verben:

Adjektive:

3 ✏ Schreibe die Nomen aus ② in der Mehrzahl. 📖

die Jacken,

4 ✏ Schreibe die Verben aus ② in der Wir-Form.

wir legen,

5 ✏ Setze die Adjektive aus ② ein.

Die Jacke ist **W**_____.

Die Spinne ist _____.

Die Burg ist _____.

STOPP

140

Wiederholung Inhalte des Kapitels wiederholen; · SAH, S. 140
Sprache untersuchen eigenen Lernstand reflektieren · SB, S. 97
· Das kann ich, S. 18

Verben weiterschwingen 〔☼↝〕

(1) ✎ Schreibe die Verben in der Er-Form auf.
   ✎ Markiere.

| ~~schwingen~~ | glauben | zeigen | danken | bringen |

er schwingt,

(2) Was tun die Kinder?
   ✎ Setze die Verben passend ein.

schieben: Jan schiebt sein Fahrrad.

üben: Micha _____ mit dem Einrad.

lieben: Micha _____ sein Rad.

loben: Jan _____ Micha.

schweben: Bu _____ über Micha und Jan.

proben: Bu _____ einen Salto.

S. 19 –

• SAH, S. 141
• SB, S. 97
• Das kann ich, S. 19

Inhalte des Kapitels wiederholen;
eigenen Lernstand reflektieren

Wiederholung
Richtig schreiben

141

Medien kennenlernen

①  Erzähle.

② 👄 Welche Medien kennst du? Erzähle.

③ 👄 Wofür nutzt du die Medien? Erzähle.

> Ich spiele mit …

> Ich informiere mich mit …

> Wir sprechen miteinander mit …

④ ✏️ Stelle dir vor, du hast einen Tag keine Medien. Was tust du?

◯ 👄 Erzähle.   ◯ 🖊 Male.   ◯ ✏️ Schreibe.

Sprechen und
Zuhören

zu anderen sprechen: erzählen, erklären;
mit Medien umgehen: über Medienerfahrung berichten 📱 ;
verstehend zuhören: Hörtexte erfassen; gezielt nachfragen

• SAH, S. 142
• SB, S. 98
• Wir-Heft B2, S. 112, 113

Über Mediennutzung sprechen

1 👁 👄 Lies das Programm und erzähle.

17:00		Checker Wissen
17:25		Neuneinhalb Nachrichten
17:35		Die Pfefferkörner Krimi

2 👄 Welche Sendung möchtest du schauen? Begründe. △

> Ich schaue gerne **Die Pfefferkörner**, weil ich Krimis mag.

> Ich schaue …, weil ich …

3 👄 Erzähle.

> Ich darf eine Stunde fernsehen.

> Wenn ich frage, darf ich mit dem Handy schreiben.

> Ich darf eine halbe Stunde fernsehen oder am Tablet spielen.

4 👄 Welche Regeln gibt es bei dir? △

• SAH, S. 143
• SB, S. 99
• Wir-Heft B2, S. 114, 115

zu anderen sprechen: informieren;
mit Medien umgehen: über Medienerfahrungen berichten;
Mediennutzung reflektieren

Sprechen und
Zuhören 143

Zusammengesetzte Nomen kennen

① Erzählt.

Kinderbuch   Märchenbuch   Bilderbuch

Ich suche ein **Buch** mit **Bildern**.

Da passt ein **Bilderbuch**.

② ✎ Finde die 2 Nomen in den zusammengesetzten Nomen.
✎ Male einen Strich.

Bilder|buch	=	Bilder	+ Buch
Kinderbuch	=		+
Märchenbuch	=		+
Klingelton	=		+
Maustaste	=		+
Handynummer	=		+

Nur der erste Buchstabe ist groß.

Zusammengesetzte Nomen kannst du
aus mehreren Nomen (Substantiven) bilden:
Bilderbuch = Bilder + Buch.
Sie bezeichnen etwas genauer.

Sprache untersuchen   sprachliche Strukturen kennen und anwenden: zusammengesetz-
te Nomen (Substantive) kennen und nutzen; Möglichkeiten der
Wortbildung kennen   • SAH, S. 144
• SB, S. 100

Zusammengesetzte Nomen kennen und bilden

1 ✏ Schreibe zusammengesetzte Nomen.

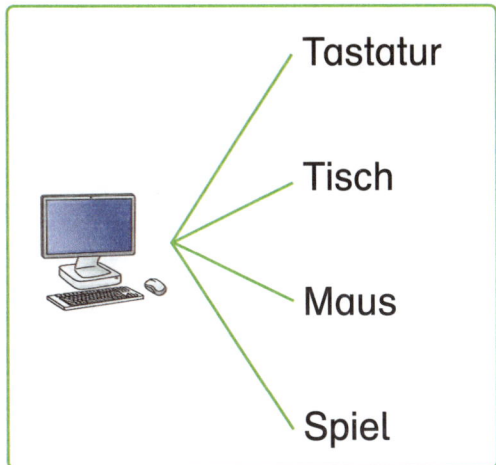

Tastatur

Tisch

Maus

Spiel

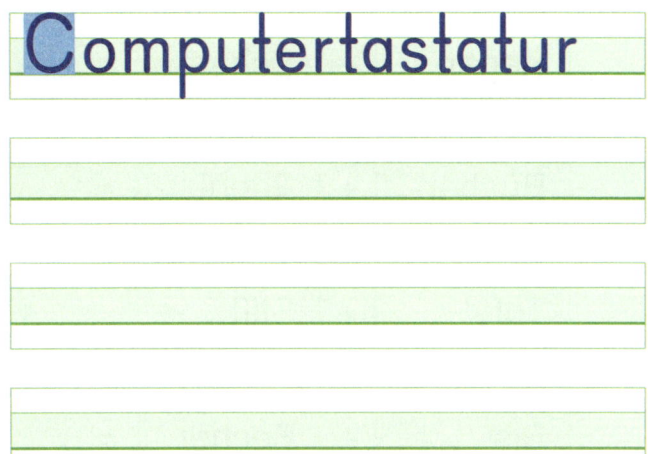

Computertastatur

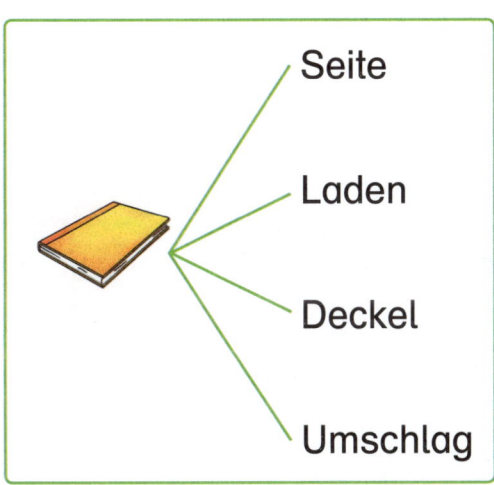

Seite

Laden

Deckel

Umschlag

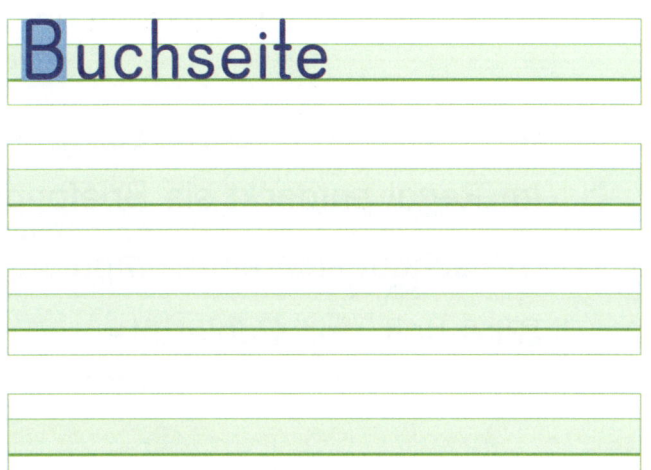

Buchseite

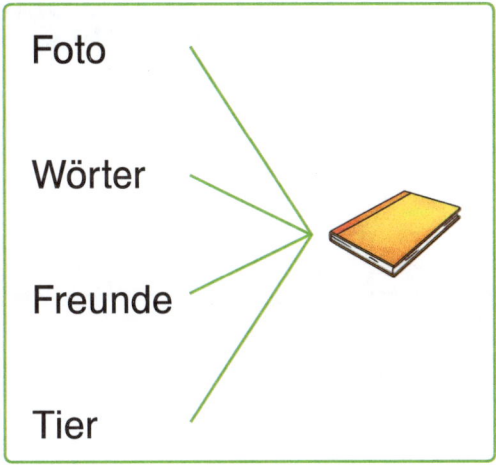

Foto

Wörter

Freunde

Tier

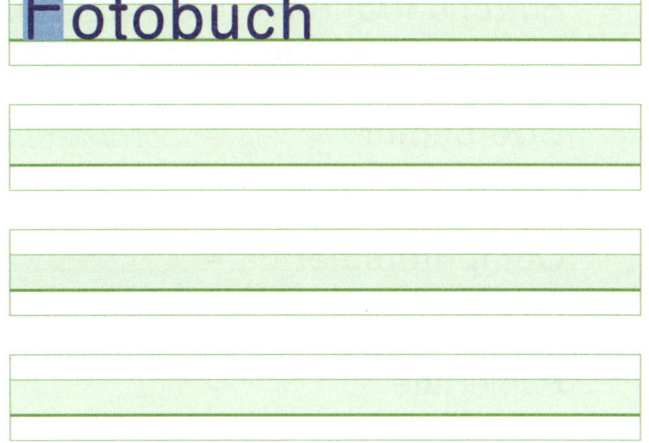

Fotobuch

• SAH, S. 145
• SB, S. 101

sprachliche Strukturen kennen und anwenden: zusammengesetzte Nomen (Substantive) kennen und nutzen; Möglichkeiten der Wortbildung kennen

Sprache untersuchen

145

Zusammengesetzte Nomen kennen und bilden

1 ✏ Schreibe zusammengesetzte Nomen.

| Regen | + | Schirm | = | **Regenschirm** |

| Bücher | + | Regal | = | |

| Tafel | + | Stift | = | |

| Eis | + | Becher | = | |

2 ✏ Unterstreiche die zusammengesetzten Nomen.

> Sara möchte <u>Füllerpatronen</u> kaufen.
>
> Im Regal entdeckt sie Briefpapier.
>
> Sie schaut sich ein Computerspiel an.
>
> Sara holt eine Papiertüte.

3 ✏ Finde die 2 Nomen in den zusammengesetzten Nomen.
✏ Male einen Strich.

| Füller|patronen | = | **Füller** | + | **Patronen** |

| Briefpapier | = | | + | |

| Computerspiel | = | | + | |

| Papiertüte | = | | + | |

sprachliche Strukturen kennen und anwenden: zusammengesetzte Nomen (Substantive) kennen und nutzen; Möglichkeiten der
Wortbildung kennen

• SAH, S. 146
• SB, S. 100, 101

Merkwörter mit V/v nachschlagen und schreiben M

① 👄 Erzähle.

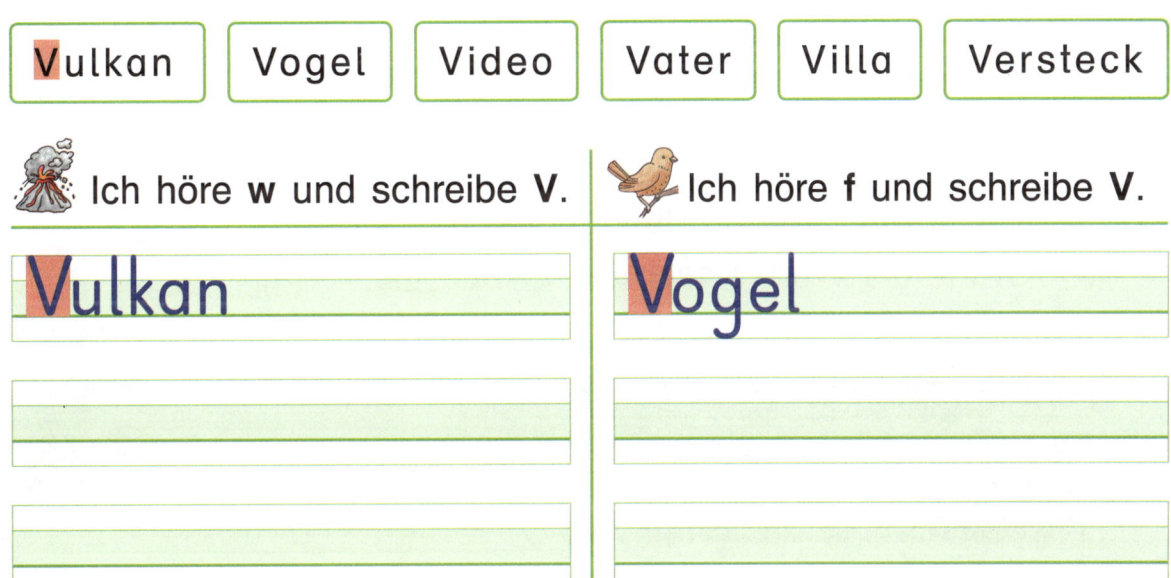

**Vulkan mit V?
Ich höre w.**

**Vogel mit V?
Ich höre f.**

**Das muss ich
mir merken.**

② 👄 ✏ Sprich die Wörter. Markiere V.

| Vulkan | Vogel | Video | Vater | Villa | Versteck |

 Ich höre **w** und schreibe **V**.　🐦 Ich höre **f** und schreibe **V**.

Vulkan　　　　　　　　　　**Vogel**

M Wörter mit **V/v** sind **Merkwörter**.
V/v klingt wie **w** oder **f**: Vulkan, Vogel.
Findest du ein Wort bei **F/f** oder **W/w** nicht, schaue bei **V/v**.

③ 👁 Schlage die Wörter nach. 📖

S. 23

 **Villa, S. 15**

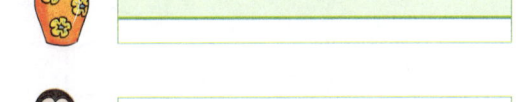

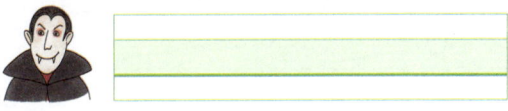

• SAH, S. 147
• SB, S. 102

rechtschriftliche Kenntnisse anwenden: Wörter mit V/v schreiben;
Rechtschreibhilfen nutzen: mit der Wörterliste arbeiten;
Rechtschreibstrategien anwenden: Merken.

Richtig schreiben

147

Merkwörter mit V/v schreiben

(1) 🖊 Kreise den ersten Buchstaben ein.
🖊 Ordne die Wörter nach dem Abc.

| brav | viel | Kurve | | von | Olive | davor |

1. **brav**

2. _____

3. _____

1. _____

2. _____

3. _____

(2) 🖊 Kreise den zweiten Buchstaben ein.
🖊 Ordne die Wörter nach dem Abc. 📖

| Vase | Vulkan | Veilchen | Video |

> Achte auf den zweiten Buchstaben.

1. **Vase**

2. _____

3. _____

4. _____

→ S. 24

(3) 🖊 Übe Wörter mit **V/v** im Spinnennetz.

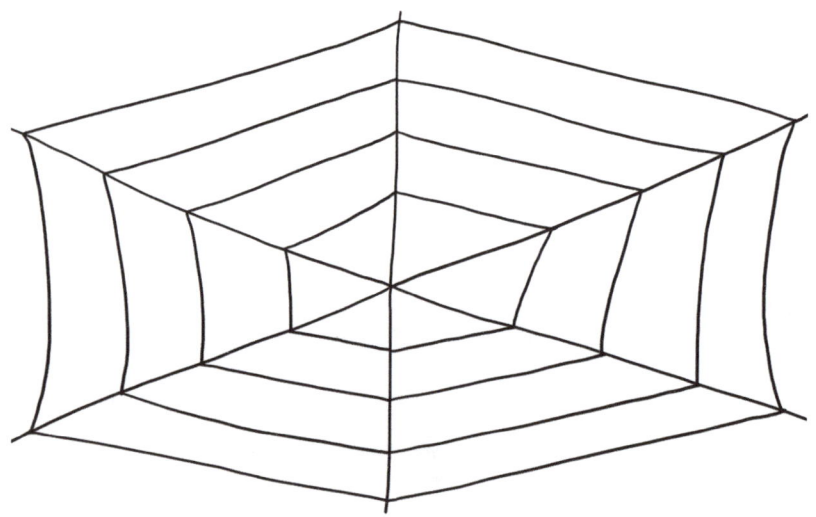

a b c d e f g h i j k l m n o p q r s t u v w x y z

Richtig schreiben

rechtschriftliche Kenntnisse anwenden: Wörter mit V/v schreiben; • SAH, S. 148
Rechtschreibhilfen nutzen: mit der Wörterliste arbeiten; • SB, S. 102
Rechtschreibstrategien anwenden: Merken

Merkwörter mit Doppelvokalen schreiben M

1 👄 Erzähle. Achte auf die Vokale.

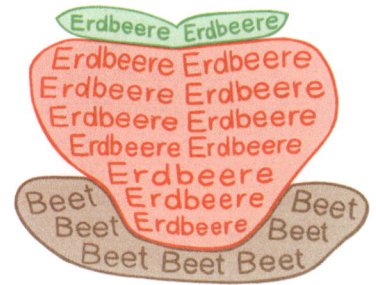

2 ✏ Schreibe ein Wort-Bild
mit **Aal**, **Klee** und **See**.

> Wörter mit **aa**, **ee**, **oo**
> musst du dir merken.

Klee

See See Aal

• SAH, S. 149
• SB, S. 103

rechtschriftliche Kenntnisse anwenden: Wörter mit Doppelvokalen
schreiben; Rechtschreibhilfen nutzen: mit der Wörterliste arbeiten;
Rechtschreibstrategien anwenden: Merken; mit Schrift gestalten

Richtig schreiben

149

Merkwörter mit Doppelvokalen schreiben

1. ✏ Markiere **aa**, **ee** und **oo**. Ordne die Merkwörter.

Paar	Beet	Moor	Fee	Zoo
Haare	See	Boot	Tee	Saal	Waage

aa: Paar,

ee:

oo:

2. ✏ Schreibe die Nomen aus ①. Markiere.

Paar

3. ✏ Übe Wörter mit **aa**, **ee** und **oo** im Spinnennetz.

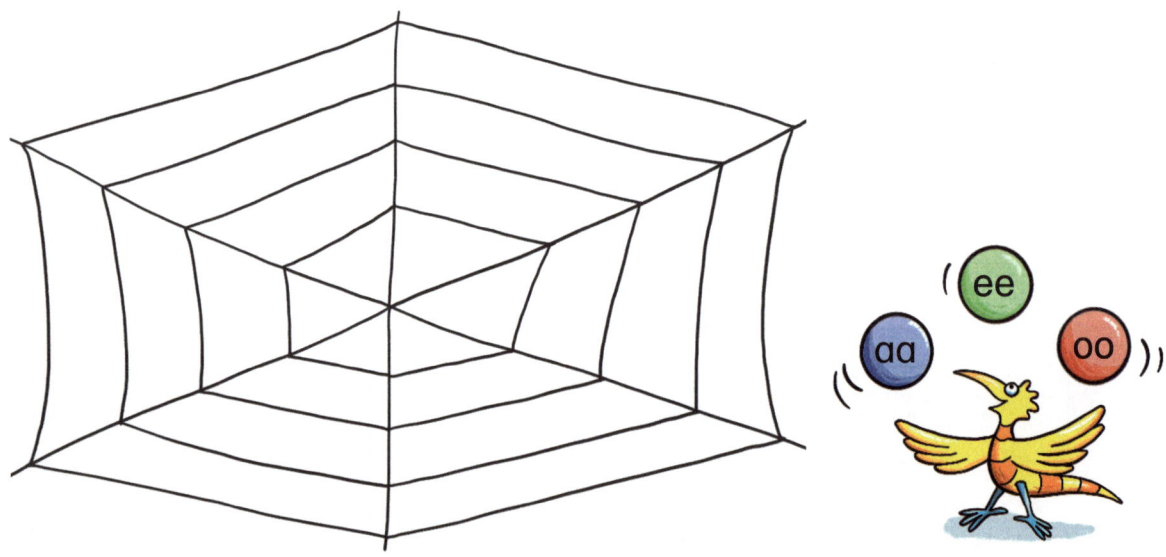

rechtschriftliche Kenntnisse anwenden: Wörter mit Doppelvokalen • SAH, S. 150
schreiben; Rechtschreibhilfen nutzen: mit der Wörterliste arbeiten; • SB, S. 103
Rechtschreibstrategien anwenden: Merken

Eine Tastatur kennenlernen

① 👁 👄 Ver**glei**che und er**zäh**le.

Musik abspielen	**M**usik abspielen
Ein Buch lesen	**E** in Buch lesen
Die Spielekonsole nutzen	**D** ie Spielekonsole nutzen
Im Internet surfen	**I** m Internet surfen
Einen Film ansehen	**E** **inen Film ansehen**
Nachrichten hören	**N** achrichten hören

② 👄 Er**klärt** euch die Tas**ta**tur.
✎ Ord**net** zu. 👥

> Den Text ha**be** ich am Computer ge**stal**tet.

`←` **1** Lösch**tas**te   `⇧` ☐ Um**schal**t**tas**te   `↵` ☐ Einga**be**taste

☐ Leer**tas**te

[Abbildung einer Tastatur mit markierten Tasten **1**, **2**, **3**, **3**, **4**]

③ 👄 Stellt euch Fra**gen** zur Tas**ta**tur. 👥

> Wo ist das **A**?   Wo ist das Fra**ge**zei**chen**?   …

④ 👄 Wo gibt es noch Tas**ta**tu**ren**? Er**zäh**le.

• SAH, S. 151
• SB, S. 104
• Wir-Heft B2, S. 116, 117

mit Medien umgehen: digitale Textgestaltung (Tastatur, Schreib-programm) kennen; von Medienerfahrungen erzählen

Texte verfassen

151

Ein Schreibprogramm nutzen

(1) 👄 Erkläre.

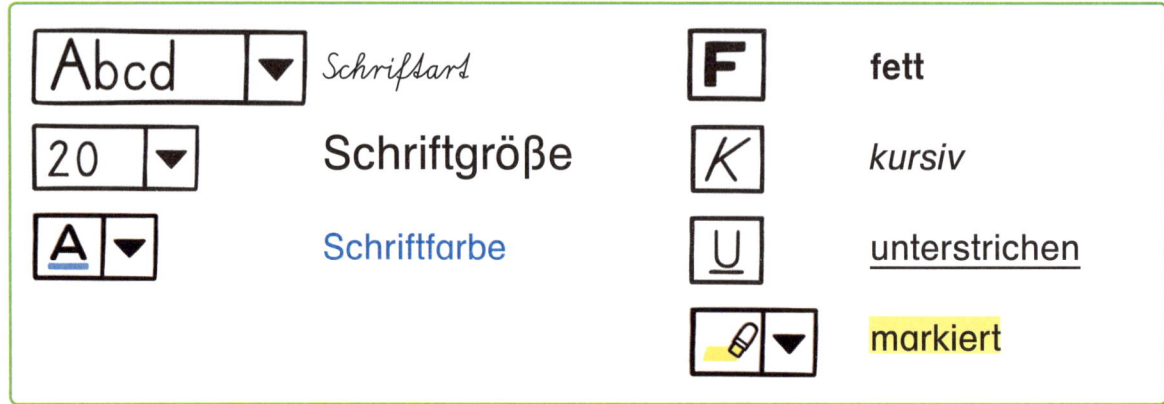

Abcd ▼	*Schriftart*	**F**	**fett**
20 ▼	Schriftgröße	*K*	*kursiv*
A̲ ▼	Schriftfarbe	U̲	unterstrichen
		✏️ ▼	markiert

(2) 👁 Lies den Text.

> **Fett gedruckt** oder *kursiv*?
>
> Es gibt alle Farben, die du liebst.
>
> Auch U̲n̲t̲e̲r̲s̲t̲r̲e̲i̲c̲h̲e̲n̲ und farbig Markieren
>
> solltest du mal ausprobieren!

(3) Tippe den Text aus (2) ab.
Nutze das Schreib-Programm.

> 1. Text eingeben
> 2. Wort/Satz/Text markieren
> 3. Funktion auswählen

(4) Gestalte den Satz
mit einem Schreib-Programm.

> Ein Regenbogen leuchtet
>
> in vielen bunten Farben.

Texte schreiben: digitale Textgestaltung (Schreibprogramm)
kennen und nutzen

• SAH, S. 152
• SB, S. 105
• Wir-Heft B2, S. 118, 119

Merkwörter mit V/v und Doppelvokal schreiben

1 👄 Lies die Nomen laut. Was siehst du? Was hörst du?

✏ Markiere **V**, **aa**, **ee**, und **oo**.

S. 21 —

🔒 Grundwortschatz		
der **V**ogel	M	↑
der Vulkan	M	↑
der Vater	M	↑
die Vase	M	↑
die H**aa**re	M	↑

🔒 Grundwortschatz		
der Schn**ee**	M	↑
der See	M	↑
die Beere	M	↑
das M**oo**s	M	↑
das Boot	M	↑

2 Führt ein Rechtschreib-Gespräch. 👥

S. 20 —

Vogel	Vater	See	Boot

3 ✏ Schreibe die Nomen aus ① im Spinnennetz. 📖

S. 24 —

4 ✏ Setze die Nomen aus ② ein.

Wir rudern auf dem <u>See</u> . Ein Korb steht im _____ .

Mein _____ hat Beeren gepflückt.

Ein _____ wollte ihm helfen.

5 ✏ Unterstreiche die Wörter.

von	v̶o̶r̶	viel

Ein Reporter steht <u>vor</u> uns. Er erzählt von seinem Beruf.
Das macht viel Spaß.

• SAH, S. 153
• SB, S. 106

Rechtschreibstrategie anwenden: Merken, Nomen großschreiben;
rechtschriftliche Kenntnisse anwenden: Funktionswörter erkennen;
Arbeitstechniken anwenden: Rechtschreibgespräch

Grundwortschatz

153

Üben mit Kari und Bu

Zusammengesetzte Nomen kennen und bilden

① ✎ Unterstreiche die zusammengesetzten Nomen.

Computer	<u>Computerheft</u>	Tastatur	Bildschirm
Taschenlampe	Handyhülle	Briefumschlag	Buch

② ✎ Schreibe zusammengesetzte Nomen.

Drucker + Patrone = **Druckerpatrone**

Buch + Seite = _____

Kamera + Frau = _____

Fuß + Ball = _____

③ ✎ Finde die 2 Nomen in den zusammengesetzten Nomen.
✎ Male einen Strich.

Vogel|buch = **Vogel** + **Buch**

Buchhülle = _____ + _____

Internetseite = _____ + _____

Radiogerät = _____ + _____

Wiederholung
Sprache untersuchen

Inhalte des Kapitels wiederholen;
eigenen Lernstand reflektieren

• SAH, S. 154
• SB, S. 107
• Das kann ich, S. 20

Merkwörter mit Doppelvokalen schreiben Ⓜ

① 🖊 Markiere **aa**, **ee** und **oo**.
   🖊 Ordne die Merkwörter.

~~M**oo**s~~	Haare	Boot	Beet	Tee
Fee	Klee	Waage	Zoo	See

aa:

ee:

oo: M**oo**s

② 🖊 Schreibe die Nomen aus ①. Markiere.

M**oo**s

😀 🙂 😐 🙁

S. 19

STOPP

• SAH, S. 155
• SB, S. 107
• Das kann ich, S. 21

Inhalte des Kapitels wiederholen;
eigenen Lernstand reflektieren

Wiederholung
Richtig schreiben

155

Auf Weltreise

Andere Sprachen kennenlernen

① 👄 Erzähle.

(Bildszene: Campingplatz mit Sprechblasen)
- Dzień dobry.
- Buenos días.
- Guten Morgen.
- Goedemorgen.
- Günaydın.
- Good morning.

② 👄 Welche Sprachen gibt es in deiner Klasse? Erzähle.

③ 👄 Kennst du Wörter aus anderen Sprachen? Erzähle.

④ ✏️ Sammelt Wörter in verschiedenen Sprachen.

- Thank you. Danke.
- Thank you! Danke!
- 🔊 Thank you! 🔊 Danke!

Sprechen und Zuhören

zu anderen sprechen: erzählen; Gemeinsamkeiten und Unterschiede von Sprachen untersuchen

- SAH, S. 156
- SB, S. 108
- Wir-Heft B2, S. 122, 123

Dialekte vergleichen

① 👄 Erzähle.

> **Semmeln** haben wir leider nicht.

> Fünf **Semmeln**, bitte.

> Nein, das sind **Brötchen**.

> Aber im Korb sind **Semmeln**!

> Das sind doch **Weggla**.

In manchen Regionen wird Deutsch unterschiedlich gesprochen. Dies nennt man **Dialekt** (Mundart).
Brötchen: Semmeln, Weggla, Schrippen, Rundstücke, …

② 👁 Lest die Wörter. Was fällt euch auf? 💬

Mädchen
Madl
Deern

Berliner
Pfannkuchen
Puffel
Krapfen

Butter
Schmer
Bodder
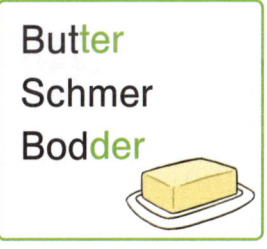

Klumbe
Bonbon
Kamelle
Guatsle

③ ✏ Was bedeuten diese Wörter? Verbindet. 👥

| Erdapfel | Mutschekiebchen | Schippe | Göckele |

• SAH, S. 157
• SB, S. 109
• Wir-Heft B2, S. 124, 125

zu anderen sprechen: erzählen; Gemeinsamkeiten und Unterschiede von Dialekten untersuchen

Sprechen und Zuhören
157

Verkleinerungsformen bilden

①  Lies und erzähle.

chen und lein machen Nomen klein.

Das ist mein Kopf.

Das ist mein Köpfchen.

② Redet wie der Riese und der Zwerg.

Schreibe auf.

das Bein + chen = **das Beinchen**

das Fenster + lein = das

die Tür + chen = das

der Stiefel + chen = das

das Hemd + lein = das

Mit den Wortbausteinen chen und lein bildest du
die **Verkleinerungsform** von Nomen.
Die Vokale **a, o, u** und **au** werden zu **ä, ö, ü** und **äu**.
der Kopf – das Köpfchen, das Buch – das Büchlein

Sprache untersuchen — sprachliche Strukturen kennen und anwenden: Verkleinerungs-
formen von Nomen kennen und nutzen; Möglichkeiten der Wortbildung kennen
• SAH, S. 158
• SB, S. 110

Verkleinerungsformen bilden

1 ✎ Schreibe auf. Markiere **ä, ö, ü, äu**.

der Kopf + |chen| = das Köpfchen

der Korb + |chen| = das

das Tor + |lein| = das

das Buch + |lein| = das

der Mund + |lein| = das

der Hut + |chen| = das

der Fuß + |chen| = das

der Arm + |chen| = das

die Bank + |chen| = das

die Hand + |chen| = das

das Haus + |chen| = das

der Baum + |chen| = das

der Bauch + |lein| = das

• SAH, S. 159
• SB, S. 110

sprachliche Strukturen kennen und anwenden: Verkleinerungs-
formen von Nomen kennen und nutzen; Möglichkeiten der Wortbildung kennen

Sprache untersuchen

159

Satzbausteine kennen

① 👁 👄 Lies die Sätze. Was fällt dir auf? Erzähle.

| Salome | schreibt | . |

| Salome | schreibt | heute | . |

| Salome | schreibt | heute | am See | . |

| Salome | schreibt | heute | am See | eine Postkarte | . |

> Sätze kann man verlängern.

② 👁 Lies die Treppensätze.

✏ Was kommt in jedem Satz dazu? Unterstreiche.

Alle grüßen.

Alle grüßen morgens.

Alle grüßen morgens auf dem Zeltplatz.

Alle grüßen morgens auf dem Zeltplatz in vielen Sprachen.

③ ✏ Schreibe Treppensätze.

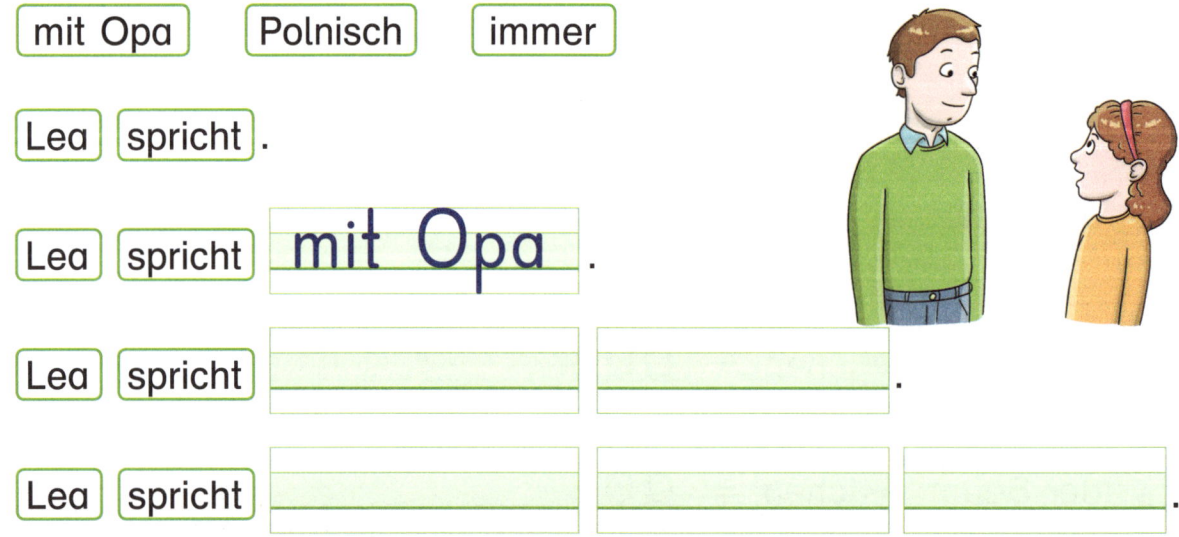

| mit Opa | | Polnisch | | immer |

| Lea | spricht | . |

| Lea | spricht | mit Opa | . |

| Lea | spricht | _____ | _____ | . |

| Lea | spricht | _____ | _____ | _____ | . |

④ 👁 👄 Vergleicht eure Sätze aus ③. 👥

Sprache untersuchen   sprachliche Strukturen kennen und anwenden: Satzglieder kennen; experimentell/kreativ mit Sprache umgehen   • SAH, S. 160 • SB, S. 111

160

Satzbausteine kennen

1 ✏ Kürze diesen Satz. Schreibe Treppensätze.

| Oma | spricht | mit Papa | in einem Dialekt |.

Oma   spricht   mit Papa .

_____ _____ .

2 ✏ Schreibe Treppensätze.

| oft | | mit Bu | | Spanisch |

| Pablo | spricht |.

| Pablo | spricht | _____ .

| Pablo | spricht | _____ | _____ .

| Pablo | spricht | _____ | _____ | _____ .

| Englisch | | mit Oma | | oft |

| Jan | übt |.

| Jan | übt | _____ .

| Jan | übt | _____ | _____ .

| Jan | übt | _____ | _____ | _____ .

• SAH, S. 161
• SB, S. 111

sprachliche Strukturen kennen und anwenden: Satzglieder
kennen; experimentell / kreativ mit Sprache umgehen

Sprache untersuchen

161

Merkwörter mit X/x nachschlagen und schreiben

(1) 👁 Lies.

Eine 🧙 mischt einen Zaubertrank mit ihrem neuen 🍹 .

Sie verzaubert Kari in eine 🧜 .

Bu wird zu einem 🥊 .

Sie verwandelt das Ufo in ein 🚕 .

S. 23

(2) 👁 Schlage die Wörter nach. 📖
    ✏ Markiere **x**.

Ni**x**e, S. 9

Wörter mit **X/x** musst du dir merken.

(3) ✏ Kreise den ersten Buchstaben ein.
    ✏ Ordne nach dem Abc.

Box   Mixer   Lexikon   Ⓐxt

1. A**x**t

2.

3.

4.

S. 24

(4) ✏ Übe Wörter mit **x** im Spinnennetz.

rechtschriftliche Kenntnisse anwenden: Wörter mit X/x schreiben;
Rechtschreibhilfen nutzen: mit der Wörterliste arbeiten;
Rechtschreibstrategien anwenden: Merken

• SAH, S. 162
• SB, S. 112

Merkwörter mit Y/y nachschlagen und schreiben

1 ✏ Markiere **Y**/**y**.

 Yeti    Pyramide    Pony

2 👄 Sprecht die Wörter aus **1** deutlich.
Wie klingt **Y**/**y** am Anfang, in der Mitte und am Ende? 💬

3 ✏ Markiere **Y**/**y**.
✏ Schreibe die Wörter in die Tabelle.

Zylinder   Handy   Yoga   Party   Yak   Symbol

Y wie in Yeti	Y wie in Pyramide	Y wie in Pony
	Zylinder	

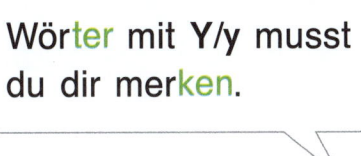
Wörter mit **Y**/**y** musst du dir merken.

4 👁 Schlage die Wörter nach. 📖
✏ Markiere **Y**/**y**.

S. 23

 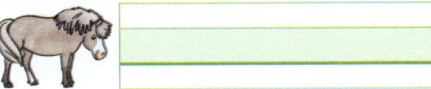 Yak, S. 16

5 ✏ Übe Wörter mit **Y**/**y**.

S. 24

• SAH, S. 163
• SB, S. 112

rechtschriftliche Kenntnisse anwenden: Wörter mit Y/y schreiben;
Rechtschreibhilfen nutzen: mit der Wörterliste arbeiten;
Rechtschreibstrategien anwenden: Merken

Richtig schreiben

163

Fremdwörter nachschlagen und schreiben

1 🖊 Verbinde.

👄 Was bedeuten die Wörter? Erklärt. 👥

Dschungel	Jeans	Handy	Puzzle

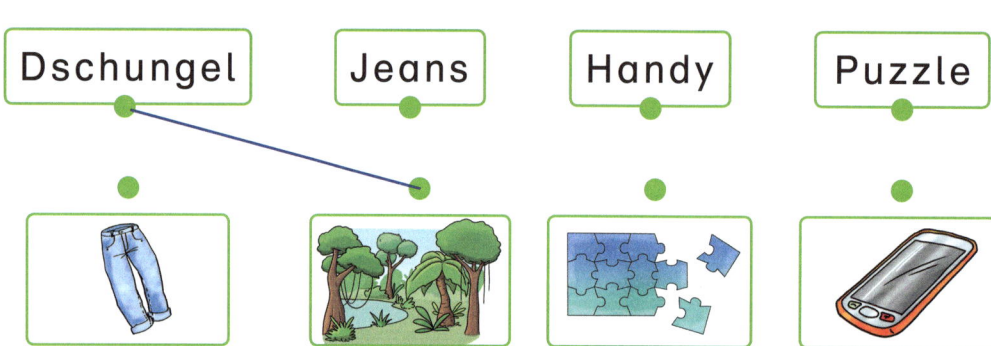

2 🖊 Ordne die Nomen aus ① nach dem Abc.

1. Dschungel

2.

3.

4.

S. 23

3 🖍 Kreise den zweiten Buchstaben ein.

🖊 Ordne die Nomen nach dem Abc. 📖

Tastatur	Text
Toilette	Training

Computer	Camping
Clown	Creme

1. Tastatur

2.

3.

4.

1.

2.

3.

4.

A a
B b
C c
D d
E e
F f
G g
H h
I i
J j
K k
L l
M m
N n
O o
P p
Q q
R r
S s
T t
U u
V v
W w
X x
Y y
Z z

Richtig schreiben   rechtschriftliche Kenntnisse anwenden: Fremdwörter schreiben;   • SAH, S. 164
Rechtschreibhilfen nutzen: mit der Wörterliste arbeiten;   • SB, S. 113
Rechtschreibstrategien anwenden: Merken

Eine Postkarte schreiben

① 👄 Erzähle.

Hallo Max,

ich schreibe dir aus Büsum.

Wir gehen jeden Tag an den Strand.

Zum Glück gibt es keine Quallen.

Ich kann schon gut schwimmen.

Viele Grüße

deine Lara

Max	Schmidt
Vorname	Nachname
Tulpenweg	6
Straße	Hausnummer
62190	Blumenstadt
Postleitzahl	Wohnort

Hier steht die Adresse. ↑

② ✏ Unterstreiche in ① Anrede, Gruß und Name.

③ ✏ Schreibe die Postkarte für Max an Lara.

Hallo Lara,

_____

_____

_____

_____

_____

_____

Lara Miller

Rosenweg 1

62190 Blumenstadt

④ ✏ Schreibe deine Adresse. Sammele weitere Adressen. 📓

• SAH, S. 165
• SB, S. 114
• Wir-Heft B2, S. 126, 127

Texte planen: Schreibabsicht und Schreibsituation klären;
Textmuster erschließen (Postkarte); Texte schreiben: adressaten-
gerecht und kriteriengeleitet eine Postkarte schreiben

Texte verfassen

165

Eine E-Mail kennenlernen

① 👄 Erzähle.

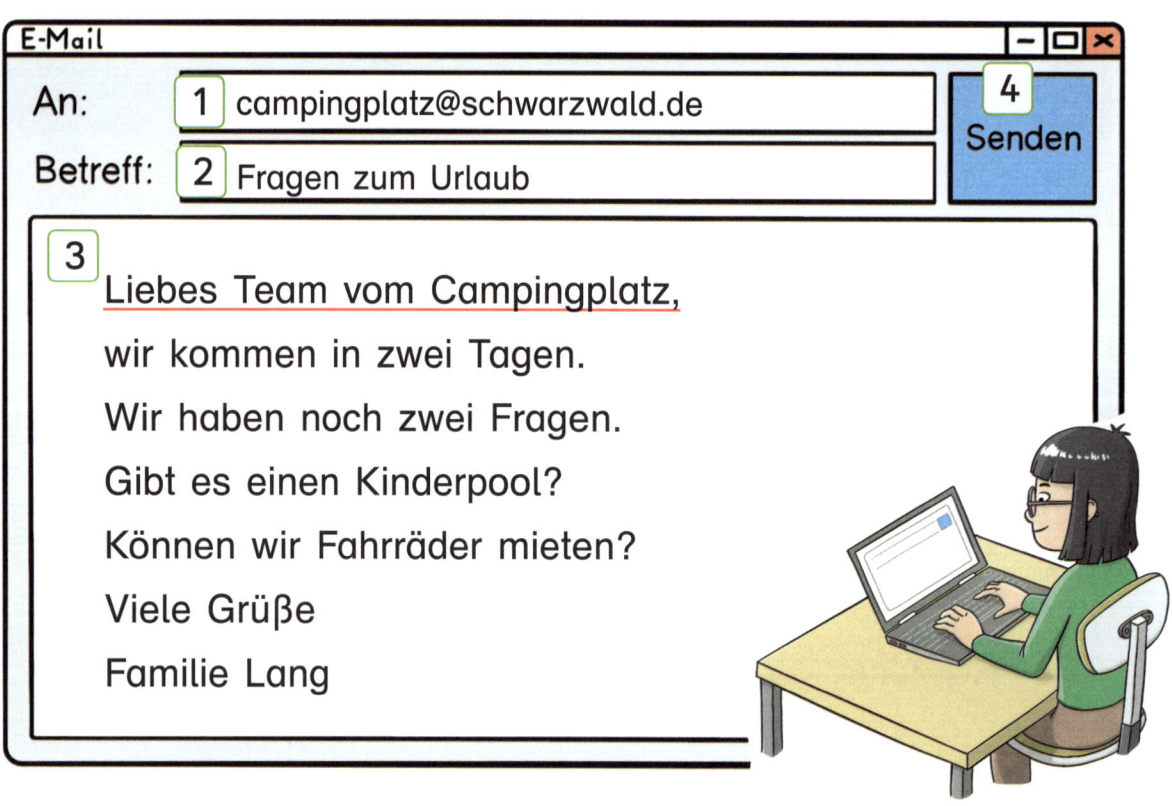

E-Mail — ☐ ✕

An: ⟨1⟩ campingplatz@schwarzwald.de

Betreff: ⟨2⟩ Fragen zum Urlaub

⟨4⟩ **Senden**

⟨3⟩
Liebes Team vom Campingplatz,

wir kommen in zwei Tagen.

Wir haben noch zwei Fragen.

Gibt es einen Kinderpool?

Können wir Fahrräder mieten?

Viele Grüße

Familie Lang

② Hätte Familie Lang auch eine Postkarte schreiben können? Begründe. △

> Wie lange ist eine Postkarte unterwegs?

③ ✎ Unterstreiche in ① Anrede, Gruß und Name.

④ Aus welchen Teilen besteht die E-Mail in ①?
✎ Ordnet zu. 👥

⟨2⟩ **Betreff**: Das ist das Thema der E-Mail.

☐ **E-Mail-Adresse**: Dahin wird die E-Mail geschickt.

☐ **Textfeld**: Hier steht der Text.

☐ **Senden**: Klicke auf das Feld, um die E-Mail zu versenden.

Texte verfassen

Texte planen: Schreibabsicht, Schreibsituation und Textfunktion klären; Textmuster erschließen (E-Mail); über Schreibfertigkeiten verfügen: ein E-Mail-Programm als Schreibwerkzeug nutzen

• SAH, S. 166
• SB, S. 115
• Wir-Heft B2, S. 128, 129

Forschen mit Bu

Merkwörter mit X/x, Y/y und Fremdwörter schreiben

① 👄 Lies die Nomen laut. Was siehst du? Was hörst du?

✏ Markiere **x**, **y** und **C/c**.

S. 21

🔒 Grundwortschatz		
die Hexe	M	↑
der Boxer	M	↑
das Taxi	M	↑
das Pony	M	↑
das Handy	M	↑

🔒 Grundwortschatz		
das Baby	M	↑
der Cent	M	↑
der Computer	M	↑
der Comic	M	↑
der Clown	M	↑

② Führt ein Rechtschreib-Gespräch. 👥

S. 20

Hexe	Pony	Comic	Clown

③ ✏ Schreibe die Nomen aus ① farbig. 📓

S. 23

④ ✏ Setze die Nomen aus ② ein.

> Ich lese einen lustigen Comic_____ .
>
> Auf einem Bild tanzt eine _____ . Ein _____
>
> hat eine rote Nase. Er reitet auf einem _____ .

⑤ ✏ Unterstreiche die Wörter.

nichts	uns	~~jetzt~~

> Ich kenne jetzt wichtige Strategien. Zu **C/c** fällt mir nichts ein.
> Das merken wir uns.

• SAH, S. 167
• SB, S. 116

Rechtschreibstrategie anwenden: Merken, Nomen großschreiben;
rechtschriftliche Kenntnisse anwenden: Funktionswörter erkennen;
Arbeitstechniken anwenden: Rechtschreibgespräch

Grundwortschatz

167

Satzbausteine kennen

1 👁 Lies die Sätze.

✏ Was kommt in jedem Satz dazu? Unterstreiche.

Faruk lernt.

Faruk lernt <u>mittwochs</u>.

Faruk lernt mittwochs Dänisch.

Faruk lernt mittwochs Dänisch in einer AG.

2 ✏ Schreibe Treppensätze.

| oft | Englisch | mit Papa |

| Mama | spricht | .

| Mama | spricht | _____ .

| Mama | spricht | _____ _____ .

| Mama | spricht | _____ _____ _____ .

3 ✏ Kürze diesen Satz. Schreibe Treppensätze.

| Die Kinder | hören | im Park | viele Sprachen | .

Die Kinder hören _____ .

_____ _____ .

Wiederholung
Sprache untersuchen

Inhalte des Kapitels wiederholen;
eigenen Lernstand reflektieren

• SAH, S. 168
• SB, S. 117
• Das kann ich, S. 22

168

Merkwörter nachschlagen und schreiben M

1 ◉ Schlage die Wörter nach.

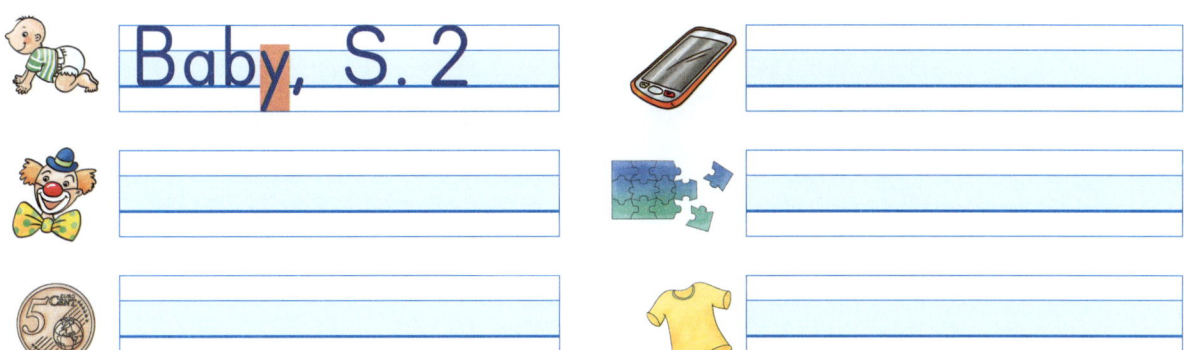

Baby, S. 2

2 ✎ Setze Nomen aus ① ein.

Heute trage ich mein schönstes   T-Shirt   .

Ich rufe Mama mit dem _____ an.

Der _____ hat eine rote Nase.

Ole hat ein _____ mit vielen Teilen.

3 ✎ Ordne die Wörter nach dem Abc.

| Party | Surferin | Tastatur | Curry |

1. Curry

2. _____

3. _____

4. _____

S. 19 —

• SAH, S. 169
• SB, S. 117
• Das kann ich, S. 23

Inhalte des Kapitels wiederholen;
eigenen Lernstand reflektieren

Wiederholung
Richtig schreiben

169

Eine Geschichte erzählen und szenisch spielen

① 👄 Erzähle die Geschichte.

– Osterhase traurig

– bekommt nie Post

– Osterhase streikt

– Fällt Ostern aus?

– Freunde überlegen

„Bestimmt finden wir jemand, der uns bei der Post für den Osterhasen helfen kann!"

– Brief schreiben?

② ✏ Wie endet die Geschichte? Malt oder schreibt. 👥

— S. 19   ③ Spielt die Geschichte. Verstellt eure Stimme. 👥

④ 👄 Gebt euch Rückmeldung. 👥

Ich kann das Tier erkennen.

Deine Stimme passt zum Tier.

170

Sprechen und Zuhören

zu anderen sprechen: nach Anregung Geschichten erzählen; szenisch spielen; Rückmeldung geben; Texte erschließen: Gedanken zu Texten formulieren; Perspektive literarischer Figuren einnehmen

• SAH, S. 170
• SB, S. 122
• Wir-Heft B2, S. 132, 133

Einen Brief schreiben

① ◎ ⇔ Lies den Brief. Erzähle.

Lieber Osterhase,

ich heiße Jan.

Ostern suchen wir

im Garten Ostereier.

Danke, du versteckst sie immer gut.

Ich freue mich über

bunte Schokoladeneier.

Die schmecken lecker.

Viele liebe Grüße

dein Jan

② ✐ Unterstreicht in ① Anrede, Gruß und Name. ⚇

③ Plant einen Brief an den Osterhasen.
✐ ⇔ Sammelt Ideen. ⚇

④ ✐ Schreibe deinen Brief. 📖

Denke an Anrede, Gruß und Name.

⑤ Präsentiere deinen Brief.

S. 19

⑥ ⇔ Gebt euch Rückmeldung. ⚇

Du hast an die Anrede gedacht.

Dein Brief gefällt mir, weil …

Ich gebe dir den Tipp: …

• SAH, S. 171
• SB, S. 123
• Wir-Heft B2, S. 134, 135

Texte planen: Schreibabsicht und Schreibsituation klären;
Textmuster erschließen (Brief); Texte schreiben: adressaten-
gerecht und kriteriengeleitet einen Brief schreiben

Texte verfassen

Ein Gedicht schreiben (Elfchen)

① 👁 Lies das Gedicht.
👄 Es heißt Elfchen. Warum? 👥

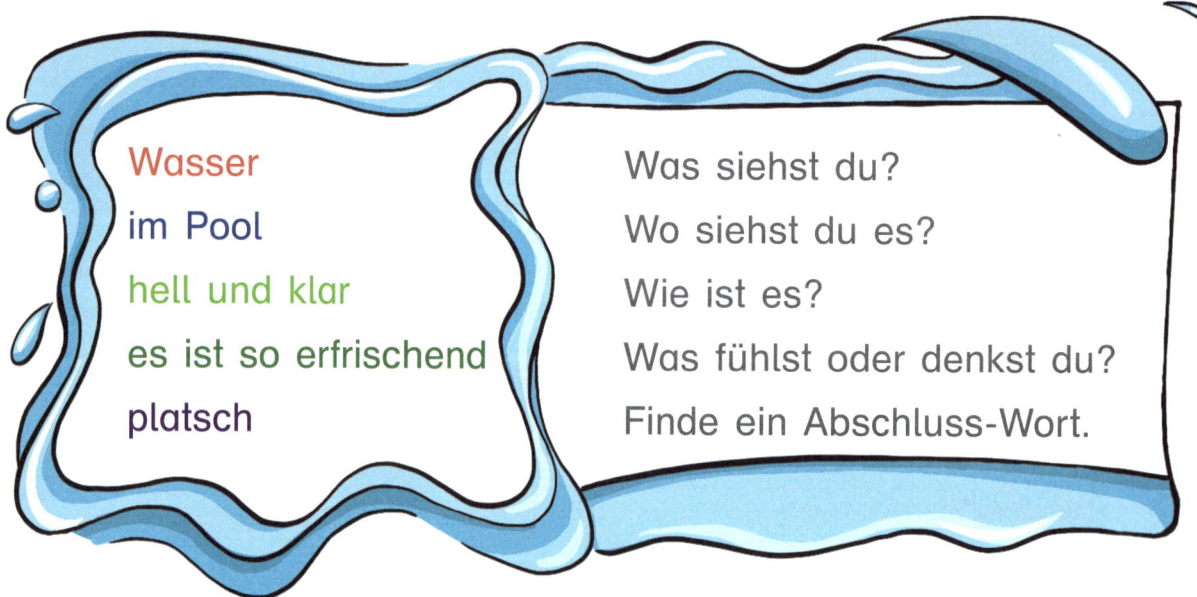

Wasser	Was siehst du?
im Pool	Wo siehst du es?
hell und klar	Wie ist es?
es ist so erfrischend	Was fühlst oder denkst du?
platsch	Finde ein Abschluss-Wort.

② ✏ Schreibe mit diesen Wörtern ein Elfchen.

am Strand	der Sommer ist schön	Ferien

Sonne	warm und hell

Texte verfassen

Texte planen: Ideen und sprachliche Mittel sammeln;
Texte schreiben: nach Mustern schreiben (Elfchen)

• SAH, S. 172
• SB, S. 124
• Wir-Heft B2, S. 136, 137

Einen Steckbrief schreiben

① 👁 👄 Lies und erzähle.

– <u>Straßenfest für alle</u>
– <u>im Sommer</u>
– <u>Spaß haben</u>
– <u>Menschen kennenlernen</u>

– <u>Vorführungen</u>
– <u>Spiele für Kinder</u>
– <u>Essen aus verschiedenen Ländern</u>

② ✏ Schreibe mit den Informationen aus ① einen Steckbrief.

<u>Steckbrief</u>

Wie heißt das Fest?    — Straßenfest für alle

Wann wird das Fest gefeiert?

Warum wird das Fest gefeiert?

Wie wird das Fest gefeiert?

③ 👄 Welche Feste kennst du? Erzähle.

• SAH, S. 173
• SB, S. 125

zu anderen sprechen: von Festen erzählen;
Texte planen/schreiben: recherchieren; Informationen nach Oberbegriffen strukturieren; Steckbrief nach Mustern schreiben

Texte verfassen

173

Kompetenzübersicht

Kapitel	Sprechen und Zuhören	Sprache untersuchen
In der Tierwelt	**S. 100/101**: zu anderen sprechen: erzählen, genau beschreiben; verstehend zuhören: Hörtexte/Informationen erfassen, Schlussfolgerungen ziehen; vor anderen sprechen: Fachbegriffe erklären; Informationen strukturieren (Oberbegriffe); Fachbegriffe nutzen; **S. 110**: vor anderen sprechen: mit Stichworten ein Tier vorstellen	**S. 102 – 104/112**: sprachliche Begriffe/Strukturen kennen, anwenden: Adjektive und Gegensätze kennen; **S. 112**: eigenen Lernstand reflektieren
Zeit zum Lesen	**S. 114/115**: zu anderen sprechen: erzählen; informieren; Bücher vorstellen; verstehend zuhören: Rückmeldung geben	**S.116 – 120/126**: sprachliche Strukturen kennen, anwenden: Wortfamilien, Wortstammänderung kennen; Vorsilben kennen; Möglichkeiten der Wortbildung nutzen (Wortfamilie, Vorsilben); **S. 126**: eigenen Lernstand reflektieren
Spiel und Spaß	**S. 128/129**: zu anderen sprechen: ein Bild beschreiben; von eigenen Erlebnissen berichten; verstehend zuhören: Hörtexte erfassen; gezielt nachfragen; Gesprächsbeiträge verfolgen, verstehen; reflektieren	**S. 130 – 133/140**: sprachliche Strukturen kennen, anwenden: Wortarten unterscheiden: Nomen (Substantive), Verben, Adjektive; sprachliche Begriffe kennen, anwenden: Präpositionen kennen, nutzen; **S. 140**: eigenen Lernstand reflektieren
Medien entdecken	**S. 142/143**: zu anderen sprechen: erzählen, erklären, informieren; verstehend zuhören: Hörtexte erfassen; gezielt nachfragen	**S. 144 – 146/154**: sprachliche Strukturen kennen, anwenden: zusammengesetzte Nomen (Substantive) kennen, nutzen; Möglichkeiten der Wortbildung kennen, nutzen; **S. 154**: eigenen Lernstand reflektieren
Auf Weltreise	**S. 156/157**: zu anderen sprechen: erzählen; Gemeinsamkeiten und Unterschiede von Sprachen/Dialekten untersuchen	**S. 158 – 161/168**: sprachliche Strukturen kennen, anwenden: Verkleinerungsform von Nomen kennen, nutzen; Möglichkeiten der Wortbildung kennen; Satzglieder kennen; experimentell/kreativ mit Sprache umgehen; **S. 168**: eigenen Lernstand reflektieren
Durch das Jahr	**S. 170**: zu anderen sprechen: nach Anregungen Geschichte erzählen; szenisch spielen; Rückmeldung geben; Texte erschließen: Gedanken zu Texten formulieren; Perspektiven literarischer Figuren einnehmen **S. 173**: zu anderen sprechen: von Festen erzählen	

Richtig schreiben	Texte verfassen	Digitale Kompetenzen
S. 105 – 108 / 113: rechtschriftliche Kenntnisse anwenden: Adjektive mit Auslautverhärtung schreiben; Wörter mit ie (geschlossene Silbe) schreiben; Rechtschreibstrategien anwenden: Weiterschwingen; **S. 111**: Funktionswörter erkennen; Arbeitstechnik: Rechtschreibgespräch; **S. 113**: eigenen Lernstand reflektieren	**S. 109 / 110**: Texte planen: Informationen nach Oberbegriffen strukturieren; Stichworte schreiben; Textfunktion klären; Texte schreiben: Steckbrief schreiben, präsentieren, für die Veröffentlichung aufbereiten; Texte überarbeiten: Text an Schreibaufgabe überprüfen	**S. 101**: recherchieren
S. 121 / 122 / 127: rechtschriftliche Kenntnisse anwenden: Wörter mit ä, äu schreiben, verwandte Wörter finden; Rechtschreibstrategien anwenden: Ableiten; **S. 125**: Funktionswörter erkennen; Arbeitstechnik: Rechtschreibgespräch; **S. 127**: eigenen Lernstand reflektieren	**S. 123 / 124**: Texte planen: Ideen entwickeln; Inhalte strukturieren (Schreibplan); Texte schreiben: auf Basis von Schreibimpulsen eigenen Text schreiben; Gedanken, Gefühle ausdrücken; Texte überarbeiten: Leserunde durchführen	**S. 114 / 115**: mit Medien umgehen: von Lese- / Medienerfahrungen berichten; mediale Formen auf Basis von Interessen auswählen
S. 134 / 135 / 141: rechtschriftliche Kenntnisse anwenden: Verben mit Inlautverhärtung (k / g, p / b) schreiben; Rechtschreibstrategien anwenden: Weiterschwingen; **S. 139**: Funktionswörter erkennen; Arbeitstechnik: Rechtschreibgespräch; **S. 141**: eigenen Lernstand reflektieren	**S. 136 – 138**: Texte planen: Ideen entwickeln; Inhalte strukturieren (Schreibplan); Texte schreiben: auf Basis von Schreibimpulsen Text schreiben; Texte überarbeiten: Leserunde; sprachliche Gestaltung (Wortfelder); Wörter sammeln	
S. 147 – 150 / 155: rechtschriftliche Kenntnisse anwenden: Wörter mit V / v schreiben; Wörter mit Doppelvokalen schreiben; Rechtschreibhilfen nutzen: mit der Wörterliste arbeiten; Rechtschreibstrategien anwenden: Merken; **S. 153**: Funktionswörter erkennen; Arbeitstechnik: Rechtschreibgespräch; **S. 155**: eigenen Lernstand reflektieren	**S. 151 / 152**: Texte schreiben: digitale Textgestaltung (Schreibprogramm) kennen und nutzen; **S. 149**: über Schreibfertigkeiten verfügen: Texte mit Schrift gestalten	**S. 142 / 143 / 151 / 152**: mit Medien umgehen: über Medienerfahrung berichten; digitale Textgestaltung (Tastatur, Schreibprogramm) kennen; Mediennutzung reflektieren
S. 162 – 164 / 169: rechtschriftliche Kenntnisse anwenden: Wörter mit X / x, Y / y, Fremdwörter schreiben; Rechtschreibhilfen nutzen: mit der Wörterliste arbeiten; Rechtschreibstrategien anwenden: Merken; **S. 167**: Funktionswörter erkennen; Arbeitstechnik: Rechtschreibgespräch; **S. 169**: eigenen Lernstand reflektieren	**S. 165 / 166**: Texte planen: Schreibabsicht, Schreibsituation, Textfunktion klären; Textmuster erschließen (Postkarte, E-Mail); Texte schreiben: adressatengerecht, kriteriengeleitet eine Postkarte schreiben	**S. 166**: über Schreibfertigkeiten verfügen: E-Mail-Programm als Schreibwerkzeug nutzen
	S. 171: Texte planen: Schreibabsicht, Schreibsituation klären; Textmuster erschließen (Brief); Texte schreiben: adressatengerecht, kriteriengeleitet Briefe schreiben; **S. 172**: Texte planen: Ideen, sprachliche Mittel sammeln; Texte schreiben: Elfchen nach Mustern schreiben; **S. 173**: Texte planen / schreiben: Informationen strukturieren (Oberbegriffe); Steckbrief nach Mustern schreiben	**S. 173**: recherchieren

Bildquellenverzeichnis